HEYNE BÜCHER

Herbert Newton Casson

DIE KUNST DES REDENS

Das klassische Standardwerk

WILHELM HEYNE VERLAG
MÜNCHEN

HEYNE RATGEBER
Nr. 08/9034

Genehmigte Taschenbuchausgabe
Printed in Germany 1985
Umschlaggestaltung: Atelier Ingrid Schütz, München
Gesamtherstellung: Presse-Druck Augsburg

ISBN 3-453-41684-8

»In unserer Zeit
hat der die Macht,
der reden kann.«

Lord Salisbury

Inhaltsverzeichnis

Vorrede

Dies ist mehr als ein Buch. Es ist ein vollkommener Lehrgang der Redekunst. Seine erste Ausgabe ist in zwölf Lehrbüchern erschienen.

Tausende von Geschäftsleuten, Politikern und Personen des öffentlichen Lebens haben diese Lehrbücher gekauft, und viele haben gesagt, daß sie ihnen ihren Erfolg verdanken.

Viele Menschen sind im Leben durch ihre Unfähigkeit, gut zu reden, behindert worden. Dieser Fehler hat sie zu unwillkommenen Rednern bei öffentlichen Versammlungen werden lassen, ihr Auftreten bei Versammlungen von Aktionären und Verwaltungsräten unwirksam gemacht. Er hat sie einer Macht beraubt, die sie sonst unschwer hätten besitzen können.

Es ist eine der nützlichsten und einträglichsten Fähigkeiten, wenn man gut öffentlich reden kann.

Ein guter Redner wird in seiner Gemeinde und in seinem Beruf unweigerlich eine Führungspersönlichkeit. Jede öffentliche Versammlung bietet ihm eine Gelegenheit, hervorzutreten.

Auch besitzt ein guter Redner die größte Macht, die es gibt – die Macht, die öffentliche Meinung zu bilden und zu beeinflussen.

Cassons Tabelle der Elemente der Redekunst

Elemente	Prozentualer Wert	Meine gegenwärtige Leistung	Meine Leistung am Ende des Lehrgangs
Geläufigkeit	15		
Ernst	10		
Humor	10		
Erfahrung	10		
Bildhaftigkeit	10		
Technik	10		
Stimme	10		
Aussprache	5		
Gesten	5		
Logik	5		
Manier	5		
Originalität	5		
Summe	100		

Füllen Sie zunächst die Rubrik unter den Worten ›Meine gegenwärtige Leistung‹ aus und bestimmen Sie selbst einen Ihrer Anschauung entsprechenden Prozentsatz für jedes Element, soweit Sie es heute beherrschen. Addieren Sie diese Ziffern und berechnen Sie damit den Prozentsatz Ihrer Wirksamkeit als ein öffentlicher Redner. Wenn Sie dann diesen Lehrgang vollendet haben, tragen Sie die Erhöhung des betreffenden Prozentsatzes in die Rubrik ›Leistung am Ende des Lehrgangs‹ ein.

Erstes Lehrbuch

Lampenfieber

Punkt 1
Lampenfieber ist keine ernste Sache

Die besten Redner haben es anfangs gehabt. Disraeli hatte zunächst keinen Erfolg. Ebensowenig Demosthenes, Curran, Sheridan und Dutzende von später berühmt gewordenen Rednern.

Es kommt nicht darauf an, was Sie jetzt können, sondern was Sie können, wenn Sie diesen Lehrgang beendet haben werden.

Jeder ist in jeder Sportart zunächst ungeschickt. Als Sie das erstemal zu schwimmen versuchten, konnten Sie sich auch nicht über Wasser halten. Als Sie das erstemal boxten, sind Sie leicht niedergeschlagen worden. Als Sie das erstemal auf ein Fahrrad stiegen, sind Sie heruntergefallen.

Alles in der Welt, was man gut kann, hat einmal gelernt werden müssen. Sie mußten gehen lernen, als Sie ein kleines Kind waren. Sie mußten lernen zu essen, sich anzuziehen, kurz all das, was Ihnen jetzt ganz einfach erscheint.

Man sagt, daß man zum Redner geboren wird, aber nicht dazu erzogen werden kann. Darin liegt ein wenig, aber nicht viel Wahrheit. Die Wahrheit ist, daß jeder einiges sehr schnell und anderes wieder sehr langsam lernt. Einige Dinge fallen uns leicht, andere wieder schwer.

Manche Leute können in sehr kurzer Zeit tüchtige öffentliche Redner werden, während andere lediglich halbwegs gute Redner werden, aber auch nur, nachdem sie einen langen, schweren Lehrgang zu ihrer Ausbildung geduldig absolviert haben.

Ein weit verbreiteter Fehler ist, anzunehmen, daß ein genialer Mensch nicht zu lernen und nicht zu üben braucht. Guiseppe Verdi war ein musikalisches Genie, und doch mußte er Stunden nehmen, um die Grundgesetze der Harmonie und der Kompositionslehre zu erlernen. Die Sängerin Nellie Melba war ein Genie, aber sie mußte jahrelang ausgebildet werden, bevor sie richtig singen konnte. William Turner war ein genialer Künstler, aber er mußte erst malen lernen.

Der Mensch, den man ein Genie nennt, ist gewöhnlich einer, der sich viele Jahre lang ausgebildet und sich in der Richtung seiner Befähigungen entwickelt hat. Die Welt bemerkte ihn nicht, solange er studierte, sie sah nur seinen Erfolg.

Die Hauptsache am Anfang ist, einen Mißerfolg nicht als endgültig anzusehen. Sie müssen fest davon überzeugt sein, daß Sie lernen *können,* öffentlich weit besser als jetzt zu sprechen, und daß Sie vielleicht, wenn Sie zielbewußt sind, wirklich gut reden lernen werden.

Sie müssen sich auf einen neuen Gesichtspunkt einstellen. Statt sich entmutigen zu lassen, müssen Sie Vertrauen haben. Statt sich über die Vorstellung, einer Zuhörerschaft gegenüberzustehen, aufzuregen, müssen Sie eine solche Zuhörerschaft als willkommene Gelegenheit betrachten, Ihre Kraft als öffentlicher Redner auszubilden.

Wir versprechen Ihnen nicht, daß Sie Ihre Nervosität vollkommen überwinden werden. Das ist Temperamentssache, und niemand kann sein Temperament ändern. Man kann nur lernen, es zu beherrschen und es bestmöglich zu verwerten.

Viele Redner und Schauspieler werden unmittelbar, bevor sie einer Zuhörerschaft gegenübertreten, nervös; sie sind aber so gut trainiert, daß ihre Nervosität ihrer Leistung keinen Abbruch tut.

Punkt 2
Lampenfieber ist zum Teil eine körperliche Sache

Es besteht aus verschiedenen Empfindungen, die so bestimmt sind wie Zahnweh oder Leibschmerzen. Man hat das Gefühl, daß die Knie schwach werden; im Mund und in der Kehle entsteht eine Trockenheit; Herzklopfen und ein sonderbares Gefühl des Unbehagens tritt in der Brust auf.

Diese Gefühle sind ganz natürlich. Sie sind durchaus nichts Besonderes. Sie sind ein Teil des allgemeinen Phänomens der Furcht.

Das Lampenfieber ist zum größten Teil ein lebhaftes Bewußtsein der Ungeschicklichkeit. Diese Ungeschicklichkeit besteht. Sie ist nicht eingebildet. Niemand weiß, wie er stehen und wie er atmen soll, wie er seine Hände zu gebrauchen hat und wie er seine Stimme bilden soll, bevor er es lernt.

Lernt er es aber, so verschwindet nach und nach sein Gefühl der Ungeschicklichkeit. Er wird sicher, und plötzlich kommt ihm ein äußerst erfreuliches Gefühl des Könnens und der Macht zum Bewußtsein. Er weiß nun, wie er es zu machen hat – daher der Unterschied.

Es gibt kein schnelles Patentheilmittel zur Behandlung des Lampenfiebers. Es gibt keinen Trick, der Sie heilen kann, während Sie darauf warten. Nur ein Quacksalber kann Ihnen eine derartige Kur anbieten.

Das Lampenfieber ist ein Beweis, daß Sie nicht richtig reden können. Unzweifelhaft ist es von der Natur dazu bestimmt, die Zuhörerschaft zu schützen.

Es hindert Leute, Reden zu halten, die nicht wissen, wie sie es machen müssen.

Punkt 3
Lampenfieber ist zum andern Teil eine seelische Sache

Es ist seelisch bedingt, weil der Geist im Anfang nicht weniger ungeschickt ist als der Körper. Es ist seelisch, weil jede neue Erfahrung damit mehr oder weniger aufregend ist.

Im Anfang ist der Geist sich jeder Einzelheit beim Reden lebhaft bewußt – bei jedem Satz – bei jedem Wort.

Hundert Augenpaare sind auf Sie gerichtet. Ihre Stimme klingt so schrecklich laut und unnatürlich. Das Schweigen zwischen Ihren Sätzen ist so tödlich. Sie bemerken, daß Sie gerade ein Zeitwort im Plural nach einem Hauptwort im Singular gebraucht haben. Naturgemäß fühlt sich Ihr Geist dabei nicht sehr behaglich.

Nach sechs Monaten, nachdem Sie viel studiert und geübt haben, verspüren Sie kein solches Gefühl der Aufregung mehr. Der Prozeß des Lebens und Wirkens in der Öffentlichkeit hat angefangen automatisch zu werden. Er wird durch das Unterbewußtsein geleitet. Das geschieht bei jeder Kunst und bei jedem Handwerk, und die Redekunst ist keine Ausnahme von der Regel. Das Endziel jeder erworbenen Geschicklichkeit und Technik ist es, Fähigkeiten so weit zu entwickeln, daß sie halb automatisch werden.

Übung 1:
Üben Sie sich darin, laut vorzulesen, entweder einem Freund oder im Familienkreis. – Lesen Sie aus einer Zeitung, einer Zeitschrift oder einem Buch vor, das ist ganz gleichgültig.

Lesen Sie mit etwas lauterer Stimme, als wie Sie sie im Gespräch anwenden, und lesen Sie sorgfältig, bestimmt und mit Nachdruck.

Das ist die beste und einfachste Art anzufangen, wenn Sie noch nie öffentlich gesprochen haben. Durch lautes Vorlesen gewöhnen Sie sich an den Klang Ihrer eigenen Stimme, und Sie überwinden gleichzeitig Ihre nervöse Furcht vor dem Schweigen.

Punkt 4
Es ist nicht schwer, eine Zuhörerschaft zufriedenzustellen

Jeder junge Redner betrachtet die Zuhörer mit viel Unbehagen. Er denkt, daß sie ihn kritisieren werden. Er fühlt, daß sie zum Teil feindselig eingestellt sind. Er wird durch sie bedrückt.

Die einfache Wahrheit aber ist, daß eine Zuhörerschaft sehr leicht zu interessieren ist. Sie will interessiert werden. Sie hört eine Stunde lang einem Redner geduldig zu, der unerträglich matt und ermüdend ist. Sagt er im Verlauf dieser Stunde nur einen guten, bedeutungsvollen Satz, so wird sie ihm Beifall spenden und befriedigt nach Hause gehen.

Die Menschen lieben gute Reden. Reden machen auf sie einen so mächtigen Eindruck, daß sie dem Redner die höchsten Ehren zuteil werden lassen.

Entschuldigen Sie sich niemals bei Ihren Zuhörern. Fangen Sie nie damit an, sich selbst herabzusetzen. Sagen Sie ja nicht: »Ich will Ihnen nicht sehr lange lästig fallen« oder: »Ich hoffe, Sie werden mit mir Geduld haben« oder ähnliches.

Sagen Sie nicht: »Ich bin nicht vorbereitet«, selbst dann nicht, wenn es wahr ist. Niemand hat ein Recht, unvorbereitet zu reden. Und die Wahrheit ist, daß beinahe alle sogenannten extemporierten Ansprachen vorher sehr sorgfältig vorbereitet worden sind. Nehmen sie es stets als selbstverständlich an, daß Ihre Zuhörerschaft sich freut, Sie zu hören.

Punkt 5
Die Zuhörer sind nicht kritisch

Beinahe jeder Redner hat im Anfang Furcht vor seinen Zuhörern. Er vergißt, daß es durchaus gewöhnliche Leute sind, die sich freuen, da zu sein, und denen es gefällt, zuzuhören.

Zuhörer sind nicht nur leicht zufriedenzustellen, sie sind auch durchaus unkritisch. Wenn Hörer einen Redner beobachten, so tun sie das nicht mit den Augen eines Theaterkritikers, der sich ein neues Stück ansieht. Sie betrachten den Redner, wie ein Kind ein Kasperletheater betrachtet. Sie sind fast immer gänzlich unbefangen und geneigt, von dem Redner eine hohe Meinung zu haben.

Zuhörerschaften hören achtungsvoll auf Redner, selbst wenn sie unpopuläre Ansichten aussprechen. Sie ertragen Meinungsäußerungen, die töricht und absurd sind, ohne den Sprecher zu unterbrechen. Sie glauben daran, daß man dem Redner eine faire Gelegenheit geben muß, seine Ansichten vollständig auseinanderzusetzen.

Sie können also sehen, daß durchaus kein Grund vorliegt, aus Angst davor, wie Ihre Zuhörer Sie behandeln werden, nervös zu sein. Für gewöhnlich behandeln die Hörer den Redner sogar besser, als er es verdient, und sind höchst zufrieden, wenn er nur halbwegs gut und vernünftig redet. Wirkt er nicht nur belehrend, sondern zugleich auch noch unterhaltend, so heißt ihn die Zuhörerschaft begeistert willkommen.

Übung 2:
Wenn dieses Lehrbuch in einer Klasse verwendet wird, so sollen die Sitze so angeordnet werden, daß auf jeder Seite des Klassenraums die Hälfte der Schüler sitzt. Die Klasse wird dann in zwei Abteilungen getrennt sein, die einander gegenübersitzen. Das wird jedem Schüler den Eindruck geben, als stehe er einer Zuhörerschaft gegenüber, und er wird sich mit der Zeit daran gewöhnen. Diese Anordnung der Sitze muß während des ganzen Lehrgangs beibehalten werden. Der Lehrer soll so stehen, daß er einen Gang vor sich hat, so daß er zwischen den beiden Abteilungen der Klasse auf und ab gehen kann.

Sobald die Klasse in dieser Weise versammelt ist, liest jeder Schüler laut die folgenden Worte:

»Wenn sich die Leute beklagen, müssen sie entweder im Recht oder im Irrtum sein. Sind sie im Recht, so ist es unsere Pflicht, das Vorgehen der Minister zu untersuchen und die Schuldigen unter ihnen zu bestrafen. Sind sie im Irrtum, so müssen wir nichtsdestoweniger das Verhalten unserer Minister untersuchen, um das Volk davon zu überzeugen, daß es sich geirrt hat.« (Lord Chatham)

Übung 3:
Jedes Mitglied der Klasse steht auf und sagt laut die folgenden Worte:

»Also gut, warum nicht?«

zuerst mit steigender und dann mit fallender Betonung. Dann mit dem Nachdruck auf je einem Wort, und zwar so:

»**Also** gut, warum nicht?«
»Also **gut**, warum nicht?«
»Also gut, **warum** nicht?«
»Also gut, warum **nicht**?«

Man kann diese Übung eine Fingerübung der Stimme nennen. Der Schüler kann sie gar nicht oft genug ausführen. Ihr Wert ist, daß sie Kraft und Nachdruck gibt. Beinahe alle jungen Redner sprechen mit zu geringem Nachdruck und mit eintöniger Stimme. Wiederholt der Schüler aber diese Übung regelmäßig mehrmals am Tag, so wird sie es ihm sehr bald ermöglichen, kraftvoll und nachdrücklich zu sprechen.

Studieren Sie dieses Lehrbuch allein und nicht in einer Klasse, so müssen Sie diese Übung am Meeresufer, im Feld oder in Ihrem Schlafzimmer, kurz überall, wo Sie es wagen dürfen, vornehmen. Und je mehr Kraft und Stärke Sie dabei anwenden, desto besser.

Punkt 6
Kleine Fehler der Stimme und der Manier werden bei jedem Schüler verbessert werden, der diesen Lehrgang mit Sorgfalt und Ausdauer durchmacht

Viele Schüler haben im Anfang eine zögernde Art zu sprechen. Einige haben die Gewohnheit, Pausen zu machen und zwischen den Worten ›äh‹ zu sagen. Andere verwenden andere Zwischensilben. Manche sind im Anfang heiser. Einige sprechen zu schnell. Die meisten stehen unkorrekt, und sehr viele sprechen nicht laut genug.

Alle diese Fehler sind unbedeutend. Sie sind nicht so schwer zu beseitigen, wie sich die meisten Schüler einbilden. Sie sind keine grundlegenden Fehler der Persönlichkeit. Sie sind nur oberflächliche Fehler, die aus Mangel an Übung entstanden sind.

Beinahe jeder gute Redner hat im Anfang ein paar solcher kleinen Fehler gehabt. Im Verlauf dieses Lehrgangs werden Sie sie nach und nach überwinden. Die Fehler werden sich allmählich verlieren, wenn Sie Ihr Wissen und Ihre Geschicklichkeit vermehren.

Übung 4:
Jeder Schüler der Klasse muß aufstehen und eine Minute lang über das Thema sprechen:

»Die beste Rede, die ich je gehört habe.«

Er soll sagen, wer der Redner war, wo die Rede gehalten wurde und was ihr Thema war.

Wenn Sie allein studieren, so bereiten Sie eine fünf Minuten lange Rede über dieses Thema vor und halten Sie sie vor einem Freund oder einem Mitglied Ihrer Familie oder für sich selbst.

Punkt 7
Befreien Sie sich davon, nicht an Ihre eigene Entwicklungsfähigkeit zu glauben

Sie können genau dasselbe leisten, was andere mit gleichen Fähigkeiten geleistet haben. Gut reden zu können ist kein Wunder. Es kann gelernt und es muß gelehrt werden.

Bisher haben Sie die Sache immer vom Gesichtspunkt des Hörers betrachtet. Stellen Sie sich von jetzt an um und nehmen Sie einen anderen Gesichtspunkt ein. Von jetzt an werden Sie ein Redner und Zuhörer sein. Sie müssen lernen, wie man eine Zuhörerschaft behandelt und meistert.

Auf Mißerfolge in der Vergangenheit kommt es nicht an. Selbstverständlich haben Sie sie gehabt. Jeder hat sie im Anfang. Vergessen Sie sie lieber. Denken Sie daran, wieviel andere Dinge Sie im Verlauf der letzten zehn Jahre gelernt haben. Warum sollten Sie nicht auch lernen, ein erfolgreicher öffentlicher Redner zu sein?

Öffentlich reden können verlangt Geschicklichkeit und Übung. Es ist kein Instinkt. Es ist eine Kunst. *Es ist etwas, das man erwerben kann.* Daher entschließen Sie sich, jetzt daranzugehen, es zu erwerben. Ändern Sie Ihre gedankliche Einstellung in bezug auf die Möglichkeit Ihrer Ausbildung zum öffentlichen Redner.

Zweites Lehrbuch

Geläufigkeit

Punkt 8

Wie Sie beim Studium der Tabelle im ersten Lehrbuch bemerkt haben dürften, ist Geläufigkeit das wichtigste Element beim wirksamen öffentlichen Reden. Ich habe sie um 50 Prozent höher als jedes andere Element in die Tabelle eingesetzt.

Tatsächlich ist es durchaus möglich, daß jemand Ernst, Humor, Erfahrung, Technik und eine gute Stimme hat und daß ihm doch Geläufigkeit mangelt. In diesem Fall ist er als Redner sehr behindert.

Geläufigkeit allein ist viel. Für manche Hörerkreise ist es genug. Die Engländer wiederum unterschätzen Geläufigkeit sehr leicht. Sie sind geneigt zu denken, daß ein Mensch keinen soliden praktischen Wert haben kann, der geläufig und flüssig reden kann.

Tatsächlich muß ein öffentlicher Redner einen stets bereiten Redefluß besitzen. Die Geläufigkeit dient ihm als Grundlage seiner Entwicklung zum öffentlichen Reden. Der Gegensatz der Geläufigkeit ist Stummheit. Sie ist die Verneinung des Redens. Sie ist das Schweigen. Daher müssen wir, wenn wir anfangen, uns unsere Kraft der Rede auszubilden, von der Geläufigkeit ausgehen.

Punkt 9
Eine Rede ablesen ist nicht reden

Wenn Sie nicht aus dem Stegreif oder aus dem Gedächtnis sprechen können, rate ich Ihnen, überhaupt nicht zu reden. Es ist stets ein großer Fehler, eine Rede abzulesen, und es gibt keine Entschuldigung dafür.

Zuhörer haben eine ausgesprochene Abneigung gegen niedergeschriebene Reden, und es ist besser, drei Sätze frei zu sprechen, als eine höchst gelehrte und beredte ›Ansprache‹ vorzulesen.

Wenn Sie in einer öffentlichen Versammlung eine Mitteilung vorlesen müssen, dann bringen Sie sie in der Form eines Telegramms.

Punkt 10
Vermehren Sie Ihren Wortschatz

Das wird sowohl Ihre Geläufigkeit als auch die Genauigkeit Ihres Ausdrucks verbessern. Auch wird es die Kraft Ihrer Gedanken besser zur Geltung bringen. – Der Papua hat einen Wortschatz von nicht mehr als 150 Wörtern. Daher kann er nicht gut sprechen und auch nicht gut denken. Er ist halb stumm.

In einem gewöhnlichen kleinen englischen Wörterbuch finden sich 60000 Stichwörter; aber die meisten Menschen kennen davon nur einen kleinen Prozentsatz.

Der Umfang unseres Wortschatzes ist zum überwiegenden Teil Sache des Zufalls. Wir stellen uns selten oder niemals absichtlich der Aufgabe, ihn zu vergrößern, und wir lassen unseren kleinen Wortvorrat Überstunden arbeiten. Wir sagen die Worte ›gut, schlecht, überaus hübsch, großartig‹, als ob wir Papuas wären. Wir verwenden eine kleine Anzahl gebrauchter Worte, die längst jeden bestimmten Sinn verloren haben. Sie sind eine Art Grunzen geworden und gar keine Wörter mehr.

Um diese Art primitiven Redens loszuwerden, empfehle ich ein Buch der neuen Wörter zu führen – ein Notizbuch, in dem man jedes neue Wort, das man hört oder liest, mit einer Erklärung seiner Bedeutung, wie sie in Ihrem Wörterbuch steht, einträgt.

Auch ein Buch der Synonyme, der sinnverwandten Wörter, ist sehr nützlich, wenn man seinen Wortschatz vergrößern will.

Und mehr als alles andere empfehle ich eifrig Vorträge zu hören und Bücher von Leuten zu lesen, welche als Meister ihrer Sprache bekannt sind.

Punkt 11
Geläufigkeit ist ein Element sowohl des persönlichen Wirkens als auch des öffentlichen Redens

Mancher Geschäftsmann ist durch einen Mangel an Geläufigkeit in seinem Fortkommen ernstlich behindert. Er kann sich nicht leicht und frei ausdrücken. Er weiß, was er sagen will, aber es gelingt ihm nicht, es zu sagen.

Manches Mitglied eines Verwaltungsrates wird in den Sitzungen überstimmt, weil es nicht versteht, seine Meinung in überzeugender Weise zum Ausdruck zu bringen. Es kann sogar vorkommen, daß es Tausende verliert – und das nur deshalb, weil es den Wert geläufigen Redens nicht schätzen gelernt hat.

Für Verkäufer, Lehrer, Anwälte, Versicherungsleute, Politiker usw. ist die Geläufigkeit unentbehrlich. Es ist eine der am meisten nutzbringenden Dinge, die sie besitzen. Ohne den wunderbaren Fluß seiner Rede wäre Gladstone nicht Gladstone gewesen. Und das gleiche kann man von den meisten führenden Politikern eines Volkes sagen.

Punkt 12
Trainieren Sie Ihre Zunge zum schnellen Sprechen

Es ist durchaus möglich, daß ein Mangel an Geläufigkeit sowohl auf physische als auf geistige Ursachen zurückgeht. Die Zunge mag nicht genug beweglich sein.

Bis zu einem gewissen Grad kann das geheilt werden. Eine langsame Zunge kann beschleunigt werden.

Sie können in sechs Monaten ein viel schnellerer Sprecher werden, wenn Sie jeden Abend eine Seite eines Buches, so schnell wie Sie nur können, lesen – schnell, aber auch deutlich.

Die Zunge kann ausgebildet werden, bei voller Deutlichkeit eine überwältigende Schnelligkeit zu erreichen. Bei meinen eigenen Vorlesungen ist häufig die Zeit kontrolliert worden, und es hat sich herausgestellt, daß ich 330 Wörter in der Minute – 5½ Wörter in der Sekunde – spreche.

Punkt 13
Um fließend zu sprechen, muß man leicht und nicht starr sprechen

Manche Leute setzen ihre Muskeln in Spannung, bevor sie sich zum Reden erheben. Sie lassen ihre Züge erstarren. Sie stehen steif. Sie haben das Gefühl einer außerordentlichen Anstrengung.

Natürlicherweise erstarren dabei auch die Muskeln des Mundes und der Zunge, und solche Leute sprechen dann holprig und verhalten.

Punkt 14
Sie können sich eine geläufige Redeweise aneignen, wenn Sie Ihr Ziel darauf richten, Ihre Zuhörer lieber zu interessieren und zu unterhalten, als sie zu belehren

Der Mangel an Geläufigkeit wird oft durch eine trockene, langweilige, statistische Art zu sprechen verursacht. Der Redner gibt sich zuviel Mühe, gelehrt und autoritativ zu erscheinen.

Beinahe in jeder Rede, die wirken soll, muß ein Element der Unterhaltung vorhanden sein. So ernst Sie auch sein mögen, Sie müssen sowohl das ›Wie‹ als auch das ›Was‹ Ihres Sprechens beachten.

Einfach durch eine Rede hindurchzustolpern, ist nicht öffentliches Reden. Es hat keine Wirkung. Oft bringt es mehr Schaden als Nutzen. Sie dürfen sich niemals vom Ernst so sehr blenden lassen, daß Sie den Gesichtspunkt Ihrer Zuhörer vergessen. Der Ernst Ihres Gegenstandes ist nicht alles. Er bedeutet nur 10 Prozent, während geläufiges Sprechen 15 Prozent bedeutet.

Punkt 15
Flüssiges Reden verlangt, daß man angenehm und ohne ›ha‹ und ›hm‹ zwischen den Worten spricht

Wenn Ihre Kehle trocken ist, so nehmen Sie einen Schluck Wasser, bevor Sie zum Reden aufgerufen werden. Trinken Sie aber nicht während Ihrer Rede. Es unterbricht den Fluß der Gedanken und stört die Wirkung sehr wesentlich.

Ist Ihre Stimme für gewöhnlich heiser, so tragen Sie immer ein bißchen Salz in der Tasche und nehmen Sie eine Prise davon, bevor Sie sich zum Sprechen erheben.

Wenn Sie die Übungen der Stimmbildung durchmachen, die in diesem Lehrgang enthalten sind, werden Sie nervöse Heiserkeit und Rauheit der Stimme vollständig überwinden.

Punkt 16
Die Geläufigkeit der Rede erfordert, daß Sie natürlich sprechen

Sprechen Sie, wie wenn Sie sich unterhalten, nur lauter und sorgfältiger. Das ist eines der Geheimnisse der geläufigen Rede.

Deklamieren Sie nicht. Posieren Sie nicht, weder vor einem Spiegel noch vor einer Zuhörerschaft. Nehmen Sie nicht eine gezwungene Haltung an. Versuchen Sie nicht, wie ein römischer Senator oder anders wie Sie selbst auszusehen.

Betrachten Sie den Tragöden nicht als den idealen Redner, wie es allzu viele Lehrer der Beredsamkeit tun. Halten Sie sich vor Augen, daß all dies rednerische Getue für immer vorbei ist. Ihr Zweck ist, wirksam zu reden, nicht ein ›Rhetor‹ zu sein.

Die höchste Kunst eines guten Redners ist, seine ›Kunst‹ zu verbergen und so natürlich zu sprechen, daß seine Zuhörerschaft unbewußt gefesselt wird.

Eine Rede ist keine Theatervorstellung. Diesen wesentlichen Punkt muß jeder junge Redner in Erinnerung behalten.

Sie sind kein Schauspieler, Sie spielen keine Rolle. Sie sagen in interessanter und überzeugender Weise, was Sie wissen. Sprechen Sie nicht im Ernst, so tun Sie nicht, als ob Sie es wären. Der Ernst ist der felsige Grund, auf dem jedes wirksame öffentliche Reden aufgebaut sein muß.

Sie müssen nur über das sprechen, worüber Sie sprechen ›wollen‹. Sind Sie ein Anwalt, so müssen Sie an Ihrem Klienten ein persönliches Interesse nehmen. Stehen Sie als ein Politiker auf der Tribüne, so müssen Sie selbst an Ihre Politik glauben.

Keine Übung, keine Technik kann die Stelle der Natürlichkeit und des Ernstes einnehmen. Es ist bemerkenswert, wie schnell eine Zuhörerschaft merkt, ob man die Wahrheit sagt oder ihr etwas weismachen will.

Spielen Sie den Hörern keine Gemütsbewegung vor, die Sie nicht empfinden. Vermeiden Sie das Pathos, bis Sie ein geübter öffentlicher Redner sind.

Kommt der tiefe Herzenston natürlich, so lassen Sie ihn kommen. Aber es ist weit besser, ihn von selbst kommen zu lassen, als ihn von vornherein zu planen. Gefühle kommen nicht immer willkürlich.

Versuchen Sie nicht rhetorisch zu sein. Beredsamkeit ist eine Gesamtsumme der verschiedensten Dinge. Sie kommt ganz zuletzt, und es gibt keine wohlgepflegte Landstraße, die zu ihr führt. Sie ist das große Finale aller Ihrer Studien und Ihrer Erfahrungen.

Seien Sie natürlich, und Sie werden Schritt für Schritt zunächst die Vorberge und schließlich die Gipfelpunkte der Höhen der Beredsamkeit erklimmen. Seien und bleiben Sie natürlich.

Punkt 17
Die Geläufigkeit verlangt, daß Sie einfach sprechen müssen

Seien Sie nicht würdevoll und halten Sie sich nicht für zu wichtig. Trachten Sie nicht auszusehen, wie Gladstone ausgesehen hat. Der altmodische, streng formelle Stil der Rede hat seine Zeit hinter sich. Wohl lebt er noch, aber er ist nicht mehr wirksam.

In unseren Tagen neuer Probleme und schwerer Verantwortlichkeit wollen die Menschen nur einen Redner hören, der klar, einfach und praktisch ist. Sie lehnen es entschieden ab, sich mit Worten umnebeln zu lassen.

Verwenden Sie keine langen Wörter. Es gibt öffentliche Sprachkurse, die mit Vorliebe vielsilbige Wörter empfehlen. Solche Wörter sollen lieber nicht gebraucht werden.

Einsilbige Wörter sind für gewöhnlich besser als zweisilbige. Zweisilbige Wörter sind besser als dreisilbige und so weiter.

Verwenden Sie nie ein Wort, das Sie erst gestern gelernt haben, denn Sie werden es dann wahrscheinlich am unrechten Ort verwenden. Je einfacher Ihre Sprache ist, desto besser ist sie. Das bleibt immer und überall wahr.

Im englischen Parlament hielt ein Abgeordneter namens Smallwood im Jahre 1917 eine Rede, die 2713 Wörter enthielt. Davon waren 2183 einsilbig. In einem Absatz von 83 Worten waren 67 einsilbig.

Wir fügen dieses Beispiel in englischer Sprache an. Die deutsche Übersetzung zeigt 85, darunter 49 einsilbige und 36 zweisilbige. Sie gibt ein gutes Bild, wie sich die Struktur der beiden Sprachen in bezug auf Anzahl und Länge der Worte zueinander verhält:

»I plead for fair play for these boys of ours, who were not born fighters and were never meant to be fighters – who have always hated war like the very death; and who because the call of their country, stepped straightway in to do, as they have done, all they possibly could for their own country's good; and have given of their very best, only to come home, when they have done all these things, to be treated as if the were dirt.«

»Ich trete für anständige Behandlung dieser unserer Jungen ein, die nicht als Kämpfer geboren waren und es niemals hätten sein sollen – die den Krieg stets gehaßt haben wie den Tod selbst und die, weil ihr Land sie rief, sofort herbeikamen, um, wie sie es getan haben, alles was sie tun konnten, für das Wohl ihres eigenen Landes zu tun, und die ihr Bestes gegeben haben, nur um, nachdem sie dies alles getan hatten, nach Hause zu kommen, um behandelt zu werden, als wären sie Mist.«

Obwohl es möglich war, diesen Absatz fast mit genau derselben Anzahl von Wörtern im Deutschen wiederzugeben, bringt es die deutsche Sprache mit sich, daß nur 49 darunter einsilbig sind.

Punkt 18
Die Geläufigkeit macht es notwendig, daß Sie mit Nachdruck sprechen

Sind Sie schüchtern oder nicht lebhaft, so werden Sie gewiß zögern – stammeln – ›hm‹ und ›ha‹ sagen.

Sprechen Sie kraftvoll, sprechen Sie nicht mit geschlossenen Lippen oder nur halboffenem Mund. Seien Sie positiv. Eine Zuhörerschaft liebt es nicht, wenn ein Redner Furcht hat.

Übung 5:
Als Mittel gegen die Leblosigkeit beim Sprechen üben Sie sich häufig im Ausdruck der Worte:

> Wir gehen nicht zurück.
> Wir gehen vorwärts.
> Wir halten durch bis zum bitteren Ende.

Punkt 19
Beherrschen Sie Ihre Geläufigkeit, damit Ihre Rede nicht zum leeren Wortschwall wird

Geläufigkeit ist gefahrvoll, denn sie läßt es Ihnen unnötig erscheinen, sich sorgfältig vorzubereiten. Bekommt ein Redner nur den Ruf, daß er fließend spricht, so kann es vorkommen, daß er nicht ernstgenommen wird oder nicht als ein Denker angesehen wird.

Man behauptet manchmal von einem Redner, daß er ›fatal leicht spricht‹. Aber das muß nicht von jedem geläufig Redenden gesagt werden, wenn er sorgsam darauf bedacht ist, daß das Fließende seiner Rede an Bedeutung hinter den Tatsachen und seinen Argumenten zurückbleibt.

Ein Wortwasserfall ist keine Rede im Sinne der Redekunst. Seien sie also dankbar, wenn Sie mit natürlicher Beredsamkeit begabt sind. Schätzen Sie den Fluß Ihrer Rede, aber halten Sie ihn in Grenzen. Die Geläufigkeit muß nur an der richtigen Stelle zur Anwendung kommen.

Sprechen Sie niemals zu lange. Hören Sie stets auf, bevor die Zuhörerschaft den Wunsch bekommt, daß Sie aufhören mögen. Und haben Sie einmal Ihre Zuhörer bei zwei oder drei Anlässen ermüdet, so kommen Sie in den Ruf, langweilig zu reden, den Sie nicht leicht wieder loswerden.

Reden Sie nie um des Redens willen. Fassen Sie stets straff zusammen, was Sie zu sagen haben. Unterlassen Sie gleichfalls alle wortreichen Erklärungen und ebenso alle langen Einleitungen.

Sprechen Sie niemals längere Zeit, als Ihnen zugemessen ist. Es ist eine Unhöflichkeit gegen die anderen Redner und veranlaßt gleichzeitig die Zuhörer, geringschätzig von Ihnen zu denken.

Kommen Sie schnell zur Sache. Lassen Sie Tatsachen, Humor, lokale Vorfälle, Statistik – alles und jedes wirken, um Ihren Hörern Ihre Ideen einzuprägen. Sie müssen etwas zu sagen haben, das der Mühe wert ist; müssen es gut sagen – und dann aufhören.

Übung 6:
Füllen Sie den folgenden Bogen so genau und freimütig wie möglich aus:

Anzahl meiner Reden:

Anzahl meiner Mißerfolge:

Gründe meiner Mißerfolge:

Meine Fehler in der Vorbereitung sind:

Meine Fehler im Vortrag sind:

Meine Fehler in der Aussprache sind:

Meine Fehler in den Manieren sind:

Meine Fehler in den Gesten sind:

Mein Prozentsatz an Geläufigkeit ist:

Drittes Lehrbuch

Stimmbildung

Punkt 20
Eine gute Stimme ist nicht wesentlich

Eine klare, starke, musikalische Stimme ist ein großer Vorteil für einen öffentlichen Redner. Es gibt manche Redner und viele Schauspieler, deren hauptsächlicher Besitz eine reiche Stimme ist. Eine solche Stimme ermöglicht es, ein volkstümlicher Redner zu sein, selbst wenn man nur wenig zu sagen hat.

Eine gute Stimme ist trotzdem nicht unbedingt notwendig, sie ist nicht halb so notwendig wie Geläufigkeit, gutes Auftreten, Takt und Gegenstand der Rede.

Viele wirksame öffentliche Redner haben elende Stimmen. Das gilt besonders für England, wo die Sachlichkeit viel wichtiger genommen wird als die kunstvolle Rede.

Ein Komiker kann mit einer rauhen und unmusikalischen Stimme sogar eine ungeheure Gage verdienen. Dutzende von Leuten sind auf der Bühne, auf der Kanzel oder auf der öffentlichen Tribüne zum Gipfel ihrer Berühmtheit aufgestiegen, obwohl sie mit einer sehr unerquicklichen Stimme gesprochen haben.

Ist Ihre Stimme von Natur aus rauh und hart, so verhindert das nicht unbedingt, daß Sie ein wirksamer Redner werden. Jedenfalls aber können Sie Ihre Stimme sehr wesentlich verbessern, wenn Sie einige der einfachen Übungen aufnehmen, die Ihnen dieser Lehrgang vorschreibt.

Ist Ihre Stimme schwach, so können Sie sie verstärken. Ist sie rauh, so können Sie sie melodiöser machen. Ist sie eintönig, so können Sie lernen, Abwechslung hineinzubringen, und ist sie heiser, so können Sie sie halbwegs klar machen.

Übung 7:
Summen. Hier ist eines der Geheimnisse wirksamer Stimmbildung. Es ist so einfach, daß man seinen Wert gar nicht richtig würdigt.

Gewöhnen Sie sich an, zu summen. Summen Sie vor sich hin, wenn Sie spazierengehen, in einer Straßenbahn, im Zug oder in einem Omnibus fahren, Sie sich des Morgens anziehen und nachts ins Bett gehen.

Summen Sie andauernd, aber nicht mit einem rauhen Kehllaut. Gerade das müssen Sie vermeiden. Summen Sie so, daß der Ton sich im oberen Teil Ihres Mundes bildet – weder in der Kehle noch in der Nase – ein klares, klingendes, melodiöses Summen.

Summen Sie eine langsame Melodie, wenn Sie singen können. Halten Sie jeden einzelnen Ton mehrere Sekunden lang fest.

Nach und nach werden Sie Übung im Summen bekommen. Sie werden imstande sein, Ihr Summen zu modulieren – es willkürlich lauter oder weniger laut zu gestalten.

Summen Sie ausdauernd einen Monat lang, und Ihre Freunde werden eine feinere Abtönung in Ihrer Stimme bemerken.

Das Summen ist die ›Körperpflege‹ Ihrer Stimme. Nichts kann an seine Stelle treten.

Eine Stimme kann so rauh sein wie sie will, durch Summen kann sie sanft gemacht werden.

Durch Summen können Sie erfahren, daß Sie tatsächlich im Besitz einer reichen, melodischen Stimme sind.

Daher summen Sie, summen Sie, bis es Ihnen zur Gewohnheit wird. Es ist das beste, ja das einzige Mittel, Ihre Stimme zu verbessern.

Punkt 21
Sprechen Sie mit offener Kehle

Es gibt etwas, das man die ›Heiserkeit der Geistlichen‹ nennen kann. Sie besteht häufig bei Rednern, die nicht richtig sprechen können. Sie wird durch schlechte Stimmbildung verursacht. Es ist eine Rauheit des Tons – eine Heiserkeit, die durch einen inneren Druck auf die Kehle verursacht wird, dadurch, daß man den Ton zu tief unten im Kehlkopf bildet.

Die Kehle muß entspannt werden. Sie sprechen nicht mit Ihrer Kehle, wie sich viele Leute fälschlich vorstellen. Die Stimmbänder liefern sozusagen nur das Rohmaterial der Stimme.

Der Ton, der durch die Schwingung der Stimmbänder hervorgebracht wird, wird durch den Mund, die Zunge, die Lippen und die Zähne zu einer klingenden Stimme geformt.

Bilden Sie Ihre Stimme hoch oben in der Wölbung des Mundes. Das kann jedermann nach einigen Wochen Übung, und es wird Sie bestimmt davor bewahren, die ›Heiserkeit der Geistlichen‹ zu bekommen.

Übung 8:
Summen Sie mit geschlossenen Lippen, und dann öffnen und schließen Sie den Mund langsam, ohne das Summen zu unterbrechen und ohne den Ton zu ändern.

Anfangs ist das nicht leicht. Sie werden finden, daß das Öffnen des Mundes das Summen unterbricht und daß eine Art Gesang daraus wird.

Um Erfolg zu haben, müssen Sie lernen, den Mund zu öffnen und zu schließen, ohne daß man eine Änderung im Klang Ihres Summens bemerken kann.

Punkt 22
Ihre Stimme muß laut genug tönen

Die wesentlichste, unerläßliche Eigenschaft der Stimme eines Redners muß sein, daß sie laut genug tönt.

So gut Ihre Rede auch sein mag – wenn sie nicht gehört wird, ist sie ein vollkommener Mißerfolg.

Deswegen müssen Sie stets auf den am weitesten entfernten Hörer in der Halle blicken und zu ihm sprechen. Sprechen Sie stets zu den Leuten in der letzten Sitzreihe.

Um Ihre Stimme zu stärken, machen Sie häufig die fünfte Übung im zweiten Lehrbuch.

Schreien Sie auch gelegentlich. Gehen Sie womöglich an einen entfernten Ort und führen Sie mit lauter Stimme mit einem Freund in fünfzig oder fünfundsiebzig Meter Entfernung ein Gespräch.

Ein Konversationston, der in einem Sitzungszimmer oder einem Salon laut genug ist, ist für eine große Halle viel zu schwach.

Um von tausend Leuten gehört zu werden, muß die Stimme beinahe schreiend verwendet werden.

Besonders bei großen Massenversammlungen im Freien, wo vielerlei Lärm zu übertönen ist, ist der Redner gezwungen, zu schreien.

Sie dürften bemerkt haben, daß der wirksamste Redner bei Versammlungen im Freien derjenige ist, der der Menge kurze, scharfe Sätze, meistens Epigramme, mit lauter, klarer Stimme zuruft.

Übung 9:
Um zu lernen, den Mund weit genug zu öffnen, wiederholen Sie die folgenden vier Silben langsam, indem Sie den Mund so weit als möglich aufmachen:

Mahm – Zahm – Skahm – Rahm.

Machen Sie zwischen jeder Silbe eine Pause. Sprechen Sie laut. Bilden Sie den Ton hoch in der Wölbung des Mundes und öffnen Sie Ihren Mund, so weit Sie können.

Punkt 23
Gewöhnen Sie sich daran, in der Konversation klar und deutlich zu sprechen

Das tun wohl die meisten Leute. Aber es gibt einige, die im Gespräch murmeln und undeutlich sprechen oder die unbestimmt, atemlos oder mit gepreßter Kehle reden.

Selbst wenn man sich diese schlechte Manier ein Leben lang angewöhnt hat, läßt sie sich sehr gut verbessern.

Es gibt eine richtige Art, mit vollem, rundem Ton und deutlicher Betonung zu sprechen.

Haben Sie Ihre Stimme bisher vernachlässigt, haben Sie Ihr Leben lang, ohne auf den Klang Ihrer Worte zu achten, gesprochen, so müssen Sie von jetzt an auf Ihre Sprechmanier sorgfältig achtgeben und alle Fehler, die sich bei Ihnen entwickelt haben, verbessern. Dazu genügt es nicht, ein paar Übungen zu machen. Sie müssen vollkommen aufhören, Ihre Stimme nachlässig zu gebrauchen. Sie müssen Ihre Fehler genau beobachten und sie dauernd vermeiden.

Die beste Übung zur Stimmverbesserung ist die Konversation. Sie können sich hierzu die Mitarbeit eines Familienmitglieds oder eines Freundes verschaffen, nur muß es jemand sein, der loyal genug ist, Sie auf Ihre Fehler auch wirklich aufmerksam zu machen und Ihnen damit zu helfen, sie zu verbessern.

Übung 10:
Halten Sie einen sechs oder acht Zentimeter breiten Papierstreifen vor Ihren Mund, das freie Ende des Streifens direkt vor Ihren Lippen, und dann sagen sie ›Huh‹, ohne das Papier wegzublasen.

Der Zweck dieser Übung ist, Sie zu hindern, Atem zu verschwenden. Viele Leute verbrauchen gewohnheitsmäßig zuviel Atem. Dieser Versuch wird Ihnen zeigen, ob Sie es tun oder nicht.

Sie müssen darauf abzielen, Ihren ganzen Atem in Ton zu verwandeln – zu sprechen, nicht zu blasen.

Punkt 24
Beobachten Sie die Gespräche anderer Leute

Da Sie sich für öffentliches Reden interessieren, müssen Sie ein guter Beobachter der Stimme und ihrer Variationen werden. Sie müssen lernen, Mängel der Stimme und ihre guten Eigenschaften zu bemerken. Sie müssen etwas tun, was Sie voraussichtlich bisher noch nie getan haben, Sie müssen lernen, die menschliche Stimme zu würdigen.

Beobachten Sie die unzähligen Eigentümlichkeiten der Stimme, wie sie im Gespräch verwendet wird. Horchen Sie sorgfältig auf den Ausdruck, den Nachdruck und die Modulationen. Sie werden Stimmen hören, die musikalisch sind, andere, die durch die Nase kommen. Manche klingen rauh und haben Kehltöne, manche wie verschleimt. Es gibt milde und schrille, grollende und sanfte, und Stimmen, die wie Vogelzwitschern klingen – kurz alle Arten Stimmen.

Das Studium der Stimmen anderer Leute wird es Ihnen ermöglichen, Ihre eigene Stimme in die richtige Klasse einzureihen. Sie werden finden, daß es ein äußerst interessantes Studium und sehr belehrend ist. Sie können in der Straßenbahn oder im Omnibus, beim Spazierengehen oder beim Einkaufen oder wenn Sie irgendwo warten, Ihre Beobachtungen machen. Sie können die menschliche Stimme studieren, wie ein Botaniker Blumen und ein Geologe Gebirge studiert. Warum nicht?

Übung 11:

Sagen Sie Ping! Ping! Ping! Sagen Sie das ein dutzendmal so schnell, so laut und so scharf herausgestoßen wie nur möglich. Und dann sagen Sie Pong! Pong! Pong! fünf- oder sechsmal langsam, laut, ebenso scharf und mit einem langen, tiefen Atemzug vor jedem ›Pong‹.

Das wird Ihnen die Möglichkeit des Ausdrucks und des Umfangs Ihrer eigenen Stimme zeigen, wenn Sie sich bisher gehengelassen und Ihrer Stimme gestattet haben, eintönig zu werden.

Punkt 25
Achten Sie auf die Stimmen der besten Schauspieler und Schauspielerinnen

Tüchtige Schauspieler und Schauspielerinnen sind beinahe die einzigen Menschen, bei denen das gute Sprechen Beruf geworden ist. Viele Anwälte, Geistliche und Berufspolitiker haben ihre Stimme nie ausgebildet und sprechen selbst öffentlich gewohnheitsmäßig plump und dilettantisch.

Gute Theater sind die besten Schulen der Stimmpflege sowohl beim Sprechen wie beim Singen.

Ein klassisches Stück zu hören, von berühmten Schauspielern dargestellt, ist eine Lehrstunde in der Anwendung der Sprechstimme und sogar mehr als eine Lehrstunde. Es ist eine Offenbarung, wie melodisch jede Sprache klingen kann, wenn sie von Sachkundigen gesprochen wird.

Es empfiehlt sich, eine Art Theatertagebuch zu führen, in das man die Namen der Schauspieler und Schauspielerinnen einträgt, die man gehört hat, und ihre Stimme und ihre Manieren im einzelnen beschreibt. Ein solches Tagebuch zwingt dazu, zu beobachten und sich über die Dinge klar zu werden.

Es hat keinen Sinn, zu sagen: »Seine Stimme hat mir gefallen.« Man muß durch scharfe Beobachtung herausfinden, warum die Stimme gefallen hat. Analysieren Sie sie. Kritisieren Sie sie. Vergleichen Sie sie mit anderen Stimmen.

Auf diese Weise werden Sie nach und nach ein Stimmkenner werden. Und dieses analytische Studium wird Ihnen für Ihre eigene Stimmübung sehr zugute kommen.

Übung 12:

Finden Sie Ihre Mittellage heraus. Sie können dies am Klavier tun, indem Sie mit der tiefsten Note anfangen, die Sie klar singen können, und bis zur höchsten Note hinaufgehen.

Zählen Sie dann die Noten. Die mittlere ist die Mittellage Ihrer Stimme. Diese müssen Sie am häufigsten beim Summen und bei den anderen Übungen verwenden.

Punkt 26
Lernen Sie im Freien lang und tief atmen

In Ihrer Eigenschaft als Redner sind Sie ein durch Luft betriebener Mechanismus, der von einem Blasebalg, den man die Lunge nennt, in Betrieb gesetzt wird.

Dieser Blasebalg ist sowohl für die Gesundheit als auch für öffentliches Reden von höchster Wichtigkeit.

Daher müssen Sie lernen, wie man tief atmet. Atmen Sie wie ein Sänger, erst mit dem Zwerchfell und dann mit der Brust.

Frische Luft reinigt das Blut. Sie ist der Heizstoff, der die Abfälle verbrennt. Sie ist die Kraft, die die Stimmbänder in Schwingung setzt.

Für Sie, als einen öffentlichen Redner, ist es daher doppelt wichtig, viele lange Atemzüge in frischer Luft zu tun.

Sie müssen trachten, sich eine Brustausdehnung von wenigstens sechs Zentimetern anzueignen.

Anmerkung: Unterschätzen Sie die Punkte und Übungen dieses Lehrbuchs nicht, weil sie so einfach und leicht sind. Nur durch ihre Beachtung können Sie die Stärke und den Wohllaut Ihrer Stimme wesentlich verbessern.

Und unterschätzen Sie auch Ihre eigene Stimme nicht. Sie ist ein wunderbares Organ. Stoßen Sie sich nicht daran, wenn Sie zunächst nicht zehn Minuten hintereinander sprechen können, ohne heiser zu werden. Sie werden es lernen! Erinnern Sie sich daran, daß Gladstone in seiner größten Rede drei Stunden und fünfundzwanzig Minuten lang gesprochen hat, ohne heiser zu werden oder sichtlich zu ermüden.

Viertes Lehrbuch

Aussprache

Punkt 27
Studieren Sie die Kunst der Aussprache, bis Sie deutlich, bestimmt und fließend sprechen können

Korrekte Aussprache bedeutet Wirksamkeit der Rede. Sie bedeutet, daß Lippen, Zähne und Zunge zum Sprechen gleichmäßig verwendet werden.

Die meisten Leute und sogar viele, die ein bedeutendes Wissen besitzen, sprechen außerordentlich nachlässig.

Sie ziehen Worte irgendwie zusammen. Sie lassen Vokale aus und sprechen die Konsonanten undeutlich aus. Sie reden in einer Art Kurzschrift.

Eine derartige schlechte Aussprache ist schon in der Konversation unangenehm; bei öffentlichem Reden ist sie unverzeihlich.

Sie kann nicht als Manieriertheit entschuldigt werden. Sie ist stets und überall unkorrekt. Sie ist ebensosehr wie ein grammatikalischer Fehler ein Zeichen mangelhafter Bildung.

Richtige Aussprache steht tatsächlich auf gleicher Stufe mit Reinlichkeit, Höflichkeit und gutem Geschmack, alles Zeichen einer verfeinerten Bildung.

Die Sprache des Wilden besteht zum größten Teil aus einem Knurren, Grunzen und aus Kehltönen. Seine Aussprache ist roh. Das gilt mehr oder weniger auch von allen ungebildeten Leuten.

Aber die Sprache eines gebildeten Menschen ist davon gänzlich verschieden. Sie besteht nicht aus Knurren, Grunzen und Kehltönen. Sie ist klar und deutlich, mit viel Licht und Schatten – mit Nachdruck und Modulation und einer feinen Wertung von Vokalen und Konsonanten.

Kurz gesagt: Richtige Aussprache ist, wie Sie auf den folgenden Seiten sehen werden, viel wichtiger, als viele Leute glauben. Nicht wenige Personen des öffentlichen Lebens verdanken ihren Erfolg ebensosehr ihrer guten Aussprache wie ihren Ideen.

Übung 13:
Wiederholen Sie den Vers aus Schillers Glocke mehrere Male:

Festgemauert in der Erden
Steht die Form, aus Lehm gebrannt.
Heute muß die Glocke werden!
Frisch, Gesellen, seid zur Hand!

Sagen Sie diesen Satz in staccato, indem Sie die Lippen aneinanderschlagen, als ob Sie die Silben aus Metall ausprägen wollten. Man nennt dies ›Hämmern der Konsonanten‹.

Punkt 28
Neigen Sie dazu, undeutlich zu sprechen, so sprechen Sie langsamer, bis Sie gelernt haben, richtig zu artikulieren

Niemand darf schnell sprechen, bevor er gelernt hat, deutlich zu sprechen. Schnelligkeit ist in öffentlichen Reden nicht notwendig, wohl aber Deutlichkeit.

Wenn Ihnen daher ein guter Freund sagt, daß Sie undeutlich sprechen, so müssen Sie sich daran gewöhnen, mit mehr Überlegung zu sprechen.

Stürzen Sie sich nicht in ein Gespräch. Reden Sie nicht zu schnell. Halten Sie sich lieber zurück.

Später, wenn Sie Ihre Lippen, Ihre Zähne und Ihre Zunge darin ausgebildet haben, ihre Arbeit mit größerer Genauigkeit zu tun, können Sie auch schneller reden.

Übung 14:
Sprechen Sie die folgenden Zeilen langsam und genau aus:

> Der Kottbuser Postkutscher putzt
> den Kottbuser Postkutschkasten.

Sie werden sehen, daß es beinahe unmöglich ist, diesen Satz schnell und deutlich zu sagen. Das kommt von der Gruppierung der Konsonanten.

Punkt 29
Geben Sie sehr auf Ihre Manier zu sprechen acht und besonders auf Ihre Aussprache der Konsonanten

Beobachten Sie die Tätigkeit Ihrer Lippen und Ihrer Zunge, wenn Sie sprechen. Sagen Sie das Wort *Mesopotamien* und konzentrieren Sie Ihre Aufmerksamkeit auf die Bewegung Ihrer Lippen und Ihrer Zunge. Sie werden bemerken, daß Sie dazu elf verschiedene Operationen brauchen: drei, die nur die Lippen ausüben, drei, die die Zunge vollführt, und fünf, die Lippen und Zunge zusammen tun. Versuchen Sie das gleiche mit anderen Worten. Das wird Sie lehren, die Technik der Aussprache richtig zu bewerten.

Übung 15:
Sagen Sie das Alphabet langsam, deutlich und mit Nachdruck: Ah – beh – zeh – deh – eh – eff – geh – ha – ih – kah – ell – em – en – oh – peh – kuh – err – ess – teh – uh – vau – weh – ix – üpsilon – zett. Beachten Sie die geringen Unterschiede zwischen

B und P
D und T
F und V
G und K

Punkt 30
Achten Sie darauf, wie andere Leute aussprechen

Beobachten Sie die Aussprache der besten Schauspieler und Schauspielerinnen, deren Beruf das Aussprechen ist.

Dann beobachten Sie die unverständliche Aussprache von Schaffnern oder Lumpensammlern in den Höfen, überhaupt von Leuten, die, wie Zeitungsausrufer, dasselbe Wort so oft herausschreien, daß es gewissermaßen abgetragen ist.

Statt zu sagen ›Victoria-Platz‹ sagt der Schaffner – ikto – ja – tz; statt zu sagen ›Erdbeeren‹ schreit der Straßenhändler ›Ehrbern!‹

Das ist der Gipfelpunkt schlechter Aussprache. Sehr belehrend ist auch die falsche Aussprache vieler Sänger, die gewöhnlich die Konsonanten den Vokalen opfern. Korrekte Aussprache ist im wesentlichen eine Sache der Konsonanten.

Übung 16:
Sprechen Sie die folgenden Verse langsam und mit starkem Nachdruck auf den Klang der Vokale:

> Tiefeinsamkeit, es schlingt um deine Pforte
> Die Erika das rote Band.
> Von Menschen leer – was braucht es noch der Worte,
> Sei mir gegrüßt, du stilles Land.

Punkt 31
Gewöhnen Sie sich daran, zu Hause laut zu lesen

Lesen Sie deutlich und mit Nachdruck. Achten Sie darauf, daß Sie über kein Wort leicht hinweggehen.

Halten Sie jedes Wort für sich allein. Lassen Sie nicht ein Wort in das nächste übergehen.

Haben Sie einen freundlichen Kritiker bei dieser Tätigkeit, um so besser. Auch müssen Sie ein gutes Wörterbuch zur Stelle haben, wenn Sie sich über die richtige Aussprache irgendeines Wortes nicht klar sind.

Übung 17:
Sagen Sie die folgenden Worte nur mit Lippen und Zunge, ohne die Stimme zu verwenden, um sich in stummer Lippensprache zu üben:

Wenn mancher Mann wüßte,
Wer mancher Mann wär',
Gäb mancher Mann manchem Mann
Manchmal mehr Ehr'.

Punkt 32
Lernen Sie den Klang der Rede schätzen

Wenn Sie den Wohlklang der Rede nicht schätzen, werden Sie sich nie eine vollendete Aussprache aneignen.

Wie außerordentlich würden Sie das tägliche Wunder des Gesprächs schätzen lernen, wenn Sie einmal ein Jahr lang stumm wären. Die Entwicklung einer jeden Sprache hat Tausende von Jahren gedauert, und es ist eine unserer kulturellen Pflichten, ihre Reinheit und technische Vollkommenheit zu wahren.

Wir müssen tunlichst vermeiden, die Sprache zu lokalen Dialekten zu erniedrigen. Wir müssen den Klang unserer Vokale rein erhalten – das ist das beste Heilmittel gegen Ortseigentümlichkeiten und Dialekte beim Sprechen.

Wir müssen unsere Muttersprache als ein uns zur Erhaltung übergebenes schützenswertes Gut ansehen und bemüht sein, sie von jedem verderblichen Einfluß frei zu halten.

Übung 18:
Um die musikalischen Möglichkeiten Ihrer eigenen Stimme kennenzulernen, müssen Sie tief einatmen und dann gewissermaßen explosiv sagen:

Ding!

und dann in gleicher Weise:

Dong!

Halten Sie jeden Ton fünfzehn oder zwanzig Sekunden fest. Versuchen Sie es, den Ton einer Glocke nachzumachen, es ist der reinste musikalische Ton.

Fünftes Lehrbuch

Gesten

Punkt 33
Bei jeder wirklich feierlichen Rede sind korrekte Gesten unvermeidlich

Gesten, die den Worten angepaßt und richtig ausgeführt sind, verdoppeln die Macht des Redners, weil sie auf das Auge einen Eindruck machen.

Gesten sind die ursprüngliche Zeichensprache.

Zum Ausdruck bestimmter Ideen und Gefühle sind sie viel geeigneter als Worte.

Die Zuhörer lieben es, einen Redner nicht nur zu hören, sondern ihn auch sprechen zu sehen.

Kein Zuhörer schließt seine Augen, während eine Rede gehalten wird. Jeder schaut scharf auf den Redner.

Ein wirklicher Redner muß mehr oder weniger ein Schauspieler sein. Er muß sowohl *handeln* als auch *sprechen*. Er muß seine Rede mit *Gesten* dramatisieren, welche seinen Ideen und den Gelegenheiten angepaßt sind.

Kurz gesagt: Gesten vergrößern Ihre Macht und Ihre Leistung als Redner ganz außerordentlich. Sie können sie weder vermeiden noch dürfen Sie sie vernachlässigen.

Angemessene Gesten sind ein Zeichen technischen Könnens; und der Zweck dieses Lehrgangs ist es, Ihre Technik zu verbessern.

Achten Sie nicht auf diejenigen, die Ihnen sagen, daß ein Redner so wenige Gesten wie möglich machen sollte, und die die Gesten wohlbekannter Redner abfällig kritisieren.

Wohl ist wahr, daß Gesten zur Kritik herausfordern; aber wenn es Ihr Hauptzweck ist, Kritik zu vermeiden, dann werden Sie sowieso kein Redner werden.

Gesten zu unterlassen ist eine rein negative Sache. Es bedeutet den Verzicht auf ein Element der Macht.

Halten Sie sich vor Augen, daß das öffentliche Leben, welcher Art auch immer, stets Kritik herausfordert. Je größer Ihre Macht, desto lauter wird für gewöhnlich auch die Kritik sein.

Viele hundert Leute haben die Gesten des berühmten Redners John Bright beanstandet, wie sie die Gesten von Lloyd George kritisieren; nichtsdestoweniger aber steht jeder der beiden als der Meisterredner seiner Generation in England da.

Übung 19:
Halten Sie die Unterarme im rechten Winkel mit den Oberarmen; entspannen Sie die Hände und die Gelenke, bis sie vollständig locker sind; dann schütteln Sie sie heftig nach jeder nur möglichen Richtung.

Das nennt man Freimachen der Gelenke.

Der Zweck ist, den Gelenken größere Biegsamkeit beizubringen, so daß sie freier und graziöser benutzt werden können.

Punkt 34
Werden Sie sich vollkommen darüber klar, daß Gesten natürlich sein müssen und nicht künstlich sein dürfen

Die meisten ernsten Menschen haben eine tiefe Abneigung gegen Podiumgymnastik und dagegen, daß man ihnen etwas vortäuscht. Das ist kein Fehler, es ist vielmehr eine Tugend. Sie ziehen Ehrlichkeit und Gediegenheit einem oberflächlichen Glanz vor.

Nur kann man diese Einstellung leicht zu weit treiben und sich darin verrennen, daß alle Technik künstlich und unaufrichtig ist.

Viele Leute behaupten, daß sie Derbheit der Künstlichkeit vorziehen, als ob Kunst nicht ehrlich sein könne.

Das ist natürlich häufig nur eine angenommene Pose – denn jeder drängt sich dazu, hervorragende Redner zu hören und zu sehen. Das ist keine Besonderheit der Franzosen oder Amerikaner.

Im letzten Jahrhundert sind die Engländer als Volk jederzeit von Männern geführt worden, die in erster Linie öffentliche Redner waren.

Es scheint also, daß die besonders in England häufig geübte Kritik an beredten Gesten gar nicht so ernst zu nehmen ist. Gesten sind genauso natürlich und selbstverständlich wie Atmen, Gehen, Singen oder Sprechen.

Jeder verwendet sie. Ist das Händeschütteln keine Geste? Oder das Hutabnehmen? Oder das Heranwinken eines Taxis? Oder das Hinweisen auf ein bestimmtes Wort in einem Buch? Oder wenn man einem abreisenden Freund mit der Hand nachwinkt? Oder wenn man den Kopf kummervoll hängen läßt?

Es gibt Dutzende von Gesten mit Händen, Armen, Schultern, Augen, Mund, Kopf, Füßen. Sie sind die Universalsprache des menschlichen Körpers. Sie sind etwas Natürliches. Sie sind viel ernster zu nehmen als die künstliche Zurückhaltung, die bemüht ist, den Körper so steif zu machen, als wäre er ein Stück Holz oder aus Stein.

Unterdrücken Sie Ihre Gesten nicht, verbessern Sie sie. Sprechen Sie mit Ihrem ganzen Körper. Gesten sind ein Zeichen von Ernsthaftigkeit und von Kunstfertigkeit.

Übung 20:
Halten Sie Ihre Arme seitwärts geradeaus gestreckt. Halten Sie den Oberarm steif und drehen Sie den Unterarm im Kreis, als wäre er ein Flugzeugpropeller. Machen Sie diese Drehung erst langsam und dann immer schneller.

Das heißt Freimachen der Ellenbogen.

Tun Sie es abwechselnd mit dem rechten und dem linken Arm und dann mit beiden zusammen.

Punkt 35
Die Geste muß der Idee angepaßt sein und sie unterstreichen

Gesten dürfen nicht ziellos und mechanisch sein. Sie müssen dazu helfen, die Bedeutung des Gesagten nachdrücklich klarzumachen. Die Geste tritt nicht an die Stelle des Wortes. Sie darf auch nicht von den Worten unabhängig sein.

Sie ist Begleitung. Sie verbildlicht dem Auge den Gedanken, der gleichzeitig dem Ohr laut zugetragen wird.

Gesten machen eine Rede bildhaft. Deswegen müssen sie angemessen sein. Ein zielloses Schwingen der Arme schwächt den Eindruck eines Redners.

Das gleiche gilt von einem sinnlosen nervösen Zusammenpressen der Fäuste, einem Auf- und Abhacken mit dem Unterarm oder dem Anpacken der Rockaufschläge, vom Händereiben, vom drohenden Schütteln des rechten Zeigefingers oder von dem Schlagen mit der Faust auf das Rednerpult.

Wenn Sie entrüstet sprechen, so ballen Sie die Faust.

Sprechen Sie einen Willkommensgruß aus, so öffnen Sie Ihre Hände.

Sprechen Sie in Verehrung, so erheben Sie die rechte Hand bis über den Kopf.

Sprechen Sie mit Spott, dann heben Sie beide Hände in Gesichtshöhe, mit der Handfläche nach außen. Und so fort.

Für gewöhnlich soll die Hand nicht höher als bis zur Schulter gehoben werden. Nur bei Betonung großer Leidenschaft und bei starken Empfindungen darf sie über den Kopf erhoben werden.

Übung 22:
Schwingen Sie die Arme abwechselnd im größtmöglichen Kreis. Schwingen Sie sie vollkommen gestreckt. Entspannen Sie zunächst Ihre Armmuskeln, und dann schwingen Sie die Arme fünf- bis sechsmal in einem vollständigen Kreis.

Das heißt Freimachen der Schultern.

Punkt 36
Verwenden Sie im allgemeinen runde Gesten zum Betonen von Liebenswürdigkeit und gerade Gesten als Ausdruck von Kraft.

Sprechen Sie, um zu gefallen oder zu belehren, so müssen Ihre Gesten freundlich, gemäßigt und in runden, weichen Linien sein. Die Gesten sollen aber unweigerlich immer dem gesprochenen Wort untergeordnet sein.

Es gibt Ausnahmen von dieser Regel. So zum Beispiel, wenn Sie im Zuge einer Rede die Handlung einer anderen Person nachahmen. Allzu nachdrückliche Gesten sind in einer gewöhnlichen, kurzen Rede selten wünschenswert.

Sprechen Sie aber lange, oder um zu überzeugen, oder wenn Sie entschlossen sind, Ihre Zuhörer zu irgendeiner Handlung zu überreden, so müssen Ihre Gesten häufig eindrucksvoller als Ihre Worte sein.

In solchen Fällen dürfen sie sogar heftig, plötzlich, ganz gerade – und ungraziös sein.

Gesten dienen einem zweifachen Zweck. Sie illustrieren entweder, oder sie regen zum Handeln an. Im ersten Fall müssen sie weich, rund und graziös, im letzteren gerade und energisch sein.

Übung 22:
Stehen Sie gerade aufrecht. Strecken Sie Ihren linken Fuß nach der Seite aus, bis er auf den Zehen ruht. Heben Sie den rechten Arm seitwärts schräg über Ihren Kopf.

Dann stoßen Sie mit der rechten Hand nach oben, als wollten Sie versuchen, den obersten Rand einer Mauer zu erreichen. Machen Sie das so lange, bis Sie den linken Fuß vom Boden aufheben müssen.

Tun Sie dann dasselbe mit dem rechten Fuß und dem linken Arm.

Durch diese Übung entwickeln Sie die längstmögliche Linie Ihres Körpers. Sie verhindern dadurch, daß der Körper unbeholfen und steif aussieht.

Punkt 37
Je größer die Zuhörerschaft ist, desto zahlreicher und nachdrücklicher müssen die Gesten sein

Bei einer Verwaltungsratssitzung oder einer Versammlung in einem Salon braucht man überhaupt keine Gesten.

Bei allen kleinen Versammlungen, in denen die Reden nur Erörterungen oder gesellschaftlicher Art sind, ist es das beste, keine Gesten und überhaupt keine technischen Mittel der öffentlichen Tribüne zu verwenden.

Jeder weiß, daß jemand, der in einer Verwaltungsratssitzung eine vorbereitete Rede hält, kein sehr weiser Verwaltungsrat ist. Sicher wird er auf diese Art nicht leicht die Zustimmung seiner Kollegen erlangen.

Wer im Familienkreis würdevolle Reden hält, macht sich bei seinen Hörern nicht sehr beliebt.

Ein klein bißchen Humor, den nur wenige Menschen vollständig entbehren, verhindert das Vorkommen solcher Fehler.

In einer großen Versammlung aber – einer Versammlung, deren Hauptwirkung es sein soll, Begeisterung zu erregen, kann man gar nicht genug Gesten machen.

Die Menge liebt das Bildhafte. Sie liebt Energie, Bestimmtheit, Handlung. Zerbrechen Sie irgendeinen Gegenstand in der Erregung, und die Menge wird Sie anbeten.

Wer passiv und leblos dasteht, kann eine Massenversammlung niemals mit sich fortreißen; er soll es gar nicht erst versuchen.

Ist ein Redner nicht sichtlich von der Kraft seiner eigenen Ideen bewegt – lassen sie ihn selbst ruhig und kalt –, wie kann er dann erwarten, seine Zuhörer zum Gipfel der Begeisterung hinzureißen.

Übung 23:
Stehen Sie gerade, mit den Händen auf den Hüften. Heben Sie das rechte Bein vom Boden, lassen Sie es schlaff hängen, und dann schwingen Sie es so lange vorwärts und rückwärts,

wie Sie es ohne Unbehagen zu empfinden tun können; etwa sieben- bis achtmal.

Wiederholen Sie die Übung mit dem linken Bein.

Dies ermöglicht Ihnen, mit Grazie zu stehen, und gibt Ihrem Körper Haltung.

Wiederholen Sie diese Übung häufig, bis Sie bequem und sicher auf einem Bein stehen können.

Punkt 38
Lassen Sie sich, soweit Gesten in Frage kommen, von Ihrem Temperament leiten

Sie können niemals Ihr Wesen außer acht lassen, dürfen nicht verkennen, wozu Sie sich eignen.

Sind Sie zu erregbar, so müssen Sie, wenn Sie in einer kleinen Versammlung sprechen, Ihre Erregbarkeit abtönen.

Sind Sie in Ihren Bewegungen zu wenig ausdrucksvoll, so können Sie lernen, Ihre Arme, wenn Sie in einer Massenversammlung sprechen, etwas mehr zu benutzen.

Als allgemeine Regel aber gilt, daß es besser ist, natürlich, als irgend etwas anderes zu sein.

Versuchen Sie nicht anders zu reden, als es Ihrem Wesen entspricht. Sie können sich niemals aus einem Menschen der Milde in einen der Kraft verwandeln oder umgekehrt. Sie sollen es auch gar nicht wünschen.

Studieren Sie Ihr eigenes Wesen. Experimentieren Sie mit irgendeiner Zuhörerschaft, die Sie bekommen können. Und entwickeln Sie sich im Einklang mit Ihrer Begabung.

Zum Schluß: Ihre Gesten hängen ab

1. von Ihnen selbst,
2. von Ihrer Zuhörerschaft,
3. von dem Gegenstand Ihrer Rede.

Übung 24:
Stehen Sie gerade vor einem Sessel. Entspannen Sie sich vollkommen. Lassen Sie sich schlaff in den Sessel fallen.

Beugen Sie Ihren Kopf vorwärts auf Ihre Brust. Entspannen Sie ihre Arme – Ihre Finger – Ihre Knie – Ihren ganzen Körper.

Stehen Sie langsam auf und bringen Sie Ihren Körper nach und nach in solche Spannung, als schickten Sie sich an, ein Rennen zu laufen.

Das gibt Ihnen Körperhaltung und Selbstkontrolle. Es ist eine Übung, die für Leib und Seele sehr nützlich ist.

Sechstes Lehrbuch

Vorbereitung

Punkt 39
Reden Sie nie ohne Vorbereitung

Unzweifelhaft sind Sie in Ihrem Leben schon öfters in die Lage gekommen, eine Rede im Augenblick zu improvisieren.

Vielleicht ist es Ihnen gelungen, dies ohne steckenzubleiben fertigzubringen; aber es war sicher keine sehr glänzende Leistung.

Vermutlich ist einer der Hauptgründe, warum es Ihnen an Selbstvertrauen fehlt, daß Sie sich lebhaft daran erinnern, wie Sie bei irgendeiner Gelegenheit versucht haben, unvorbereitet zu sprechen, und daß es Ihnen sehr mangelhaft gelungen ist.

Für gewöhnlich mag ein Redner, je begabter er ist, improvisierte Reden desto weniger leiden und vermeidet sie möglichst.

Nur der Neuling ist mit Vergnügen bereit, sofort über irgendeinen Gegenstand, von dem er nichts weiß, zu reden.

Wie erfahren Sie auch in anderen Dingen sein mögen, Sie dürfen sich nicht darauf einlassen, öffentlich eine Rede zu halten, wenn Sie nicht wenigstens Zeit gehabt haben, einen Leitgedanken vorzubereiten.

Kein Architekt wird Ihnen eine improvisierte Zeichnung für ein in Aussicht genommenes neues Haus anfertigen.

Kein Musiker wird Ihnen auf unmittelbare Aufforderung eine neue Sonate spielen – nicht einmal Beethoven hätte das immer tun können. Kein Schauspieler darf die Worte, die er zu sprechen hat, im Augenblick improvisieren.

Bei öffentlichen Reden aber sind unsere Ansprüche auf Tadellosigkeit so gering, daß wir so gut wie jedem gestatten, uns mit seiner Unfähigkeit als öffentlicher Redner zu überraschen.

Daher muß diese Warnung erlassen werden: *Lassen Sie sich niemals dazu drängen, eine Rede zu halten, wenn Sie nicht genügend Zeit zur Vorbereitung gehabt haben.*

Da es Ihr Ziel ist, ein erfolgreicher und wirksamer öffentlicher Redner zu werden, müssen Sie Ihren Ruf schützen. Und Sie können es sich nicht leisten, eine flüchtige Rede zu halten, die sehr leicht unbeholfen, unzusammenhängend, unwirksam und taktlos ausfallen kann. Halten Sie zunächst einmal tausend Reden, die Sie in jedem Fall sorgfältig vorbereiten. Dann, aber auch nicht früher, dürfen Sie sich als ein unerschöpfliches Reservoir der Beredsamkeit betrachten. Wenn Sie so weit sind, werden Sie den Wert der Vorbereitung höher einschätzen als heute.

Übung 25:

Legen Sie sich ein Notizbuch an und tragen Sie darin Phrasen ein, die Eindruck machen. Wenn Sie wünschen, die Kunst der Phrasenbildung zu erlernen – eine Kunst, ohne die kein Redner auskommen kann –, so gewöhnen Sie sich zunächst an, sich die wirksamen Phrasen, die andere gebrauchen, zu merken und sie richtig zu bewerten. Das geschieht am besten, wenn Sie sie in ein Notizbuch schreiben oder Ausschnitte einkleben.

Sie finden zum Beispiel in einer Morgenzeitung die folgenden schlagkräftigen Phrasen:

»Wir müssen die steinige Straße, die zum Tempel des Erfolgs führt, klaglos wandern.

Regierende leiten das Volk besser durch gutes Beispiel als durch Verordnungen.

Die Kernkraft einer Zeit ist ihr Besitz an schöpferischen Geistern.

Schöpferische Kräfte erblühen aus der gebieterischen Not der Tage.«

Sammeln Sie jeden Tag einige derartige Phrasen. Machen Sie es sich zu einer Leidenschaft. Im Laufe des Jahres werden Sie eine bemerkenswerte Sammlung bekommen.

Oder noch besser: Sie werden gelernt haben, Ihre eigenen Phrasen zu bilden. Auch wenn Ihnen wirksame Phrasen einfallen, tragen Sie sie sogleich in Ihr Notizbuch ein, damit Sie sie nicht wieder vergessen.

Punkt 40
Machen Sie sich Notizen, wenn Sie ein Buch lesen

Machen Sie diese Notizen beim Lesen, selbst wenn Sie sie später, nachdem Sie sie niedergeschrieben haben, wieder wegwerfen.

Notizen machen zwingt Sie, Ihren Verstand beim Lesen zu gebrauchen, aufzupassen und zu beurteilen, was am meisten der Erinnerung wert ist.

Es befähigt Sie, knapp und klar zu sprechen – eine Eigenschaft, die bei einem öffentlichen Redner äußerst wünschenswert ist.

Ganz gleichgültig, was für eine Art Buch es ist – ganz gleichgültig, ob es belehrend oder unterhaltend ist, Sie können eine kurze Äußerung darüber niederschreiben, als hätten Sie darüber beruflich ein endgültiges Urteil abzugeben.

Es ist überaus nützlich, sich das anzugewöhnen, es wirkt selbsterzieherisch, ohne Rücksicht darauf, ob Sie hoffen, ein öffentlicher Redner zu werden oder nicht.

Für einen Redner aber ist es ganz besonders wertvoll, da es in seinem Gedächtnis ein Lager von bestimmten Meinungen und Kenntnisse von Tatsachen aufspeichert und den Redner erzieht, sichere und klare Urteile abzugeben.

Erinnern Sie sich daran, daß kein Redner seine Zuhörer überreden und mit sich fortreißen kann, wenn er sich seine eigenen Gedanken nicht zunächst klargemacht hat.

Er muß seinen eigenen Verstand von allem Nebelhaften befreien, und das beste Mittel dazu ist es, mit Urteil zu lesen, den Weizen von der Spreu zu sondern, zu kritisieren, zu analysieren und zusammenzufassen.

Tun Sie das nur im Kopf, so werden Sie sehr leicht vage und unbestimmt. Schreiben Sie Ihr Urteil aber nieder, so bekommen Sie zugleich eine wertvolle Erfahrung in der Technik des Ausdrucks.

Bacon hat einmal gesagt: »Reden gibt einem Mann Fertigkeit, aber Schreiben gibt ihm Genauigkeit.« Und wenn ein Redner die Absicht hat, an der Erörterung öffentlicher Streitfragen tätig teilzunehmen, so ist es die Genauigkeit, die ihm viel mehr Sicherheit gibt als die Zungenfertigkeit.

Punkt 41
Tragen Sie stets ein Notizbuch bei sich, und schreiben Sie jede Tatsache oder Idee, die Ihnen besonderen Eindruck macht, nieder

Diese Gewohnheit, alles, was Ihnen auffällt, aufzuschreiben und zu notieren, ist für einen Redner unentbehrlich. Man kann in dieser Hinsicht kaum zuviel tun.

Machen Sie sich Notizen über die Menschen, den Straßenverkehr, über die sieben Abarten der Wolken, beobachten Sie die Briefköpfe, die Ihre Konkurrenz verwendet. Beobachten Sie das Toben eines Gewitters – beobachten Sie alle Arten Dinge, für die sich die Menschen interessieren.

Kurz gesagt: Wenn es Ihr Wille ist, den Menschen Tatsachen vorzuhalten und Meinungen beizubringen, müssen Sie unablässig weitere Tatsachen und Meinungen sammeln.

Artillerie bedeutet die Herstellung von Munition nicht weniger als das Abschießen von Kanonen; und so verhält es sich auch mit öffentlichen Reden.

Hinter jeder Rede steht das Lernen – das Denken – das Aufschreiben – das Urteilen. Sie müssen ein unermüdlicher Sammler von Phrasen, Gleichnissen, Wortbildern, Geschichten, Tatsachen, Ideen und Erfahrungen sein.

Um der Meister Ihrer Zuhörer zu werden, müssen Sie zunächst der Meister Ihres Gegenstands sein. Das ist ein eisernes Gesetz, dem Sie sich nicht durch die List Ihrer Beredsamkeit entziehen können.

Sie müssen dauernd Tatsachen sammeln. Stellen Sie sich vor, daß Sie eine Art Redefabrik sind und daß die Tatsachen Ihre Rohstoffe bilden.

Ein Notizbuch ist für den Redner, was ein Netz für den Fischer ist. Er kann sich nicht ohne es behelfen.

Das beste arbeitssparende Notizbuch ist ein solches, das lose Blätter enthält; ebenso bequem ist ein kleiner Block von Blättern, die abgerissen werden können.

Es empfiehlt sich, jede Tatsache oder Idee mit einem Schlüsselwort in der oberen linken Ecke auf ein eigenes Blatt zu notieren.

Ist ein Buch oder Block dann voll, so nimmt man die Blätter heraus oder reißt sie ab und klassifiziert sie in einer Kartothek.

Punkt 42
Arbeiten Sie einen bestimmten Plan für die Vorbereitung einer Rede aus – einen Plan, der Ihrer Haltung und Ihrem Temperament angepaßt ist

Eine Autorität in öffentlichem Reden sagt: »Lernen Sie Ihre Rede auswendig«; eine andere sagt dagegen: »Sprechen Sie improvisiert«, wieder eine andere sagt: »Verwenden Sie Notizen.«

Tatsächlich kann jede dieser drei Methoden die beste sein, wenn sie Ihnen angepaßt ist; und wenn sie Ihnen nicht angepaßt ist, kann sie Schaden anrichten.

Der eine Redner kann das durchgebildete Gedächtnis eines Schauspielers haben, während ein anderer ein durchaus unzuverlässiges Erinnerungsvermögen aufweist. Mancher kann in seiner eigenen Bibliothek ganz klar denken, während ein anderer wiederum verwirrt ist, bis er durch den Beifall der Menge inspiriert wird.

Es gibt somit keinen einheitlichen Plan für die Vorbereitung. Das Wesentliche ist, daß Sie die Vorbereitung nicht vernachlässigen und daß Sie experimentieren, bis Sie den Plan herausgefunden haben, der sich am besten für Sie eignet.

Mein eigener Plan, den ich mir schon vor mehr als zwanzig Jahren zurechtgelegt habe, ist wie folgt:

1. Durch Lesen und Beobachten sammle ich Tatsachen.
2. Ich klassifiziere sie nach Schlüsselworten.
3. Habe ich dreißig oder mehr Ideen usw. über irgendeinen Gegenstand gesammelt, so ist die Zeit gekommen, sie zu einer Rede zusammenzubauen.
4. Dann schreibe ich auf einen einzelnen, großen Bogen diese dreißig oder mehr Ideen abgekürzt nieder und numeriere sie.
5. Ich studiere dann diese Bogen und schalte die Ideen aus, die nicht hineinpassen, füge andere dazu, die notwendig sind.
6. Dann werden die Ideen in der richtigen Reihenfolge gruppiert – erst die einleitenden, dann die Entwicklung und die Illustration des Themas, dann die Schlußfolgerung, praktische Vorschläge zur Durchführung und endlich die Schlußrede.
7. Meine Notizen schreibe ich in der richtigen Reihenfolge nieder, hie und da wird ein wichtiger Satz voll ausgeschrieben.

Auf diese Weise ist keine Rede vorbereitet, bevor nicht alle Daten dafür beisammen sind. Sie kann somit nicht eine Wiederholung schal gewordener Ideen sein.

Auch kommen die Ideen in der richtigen Reihenfolge, was, wie wir später sehen werden, von äußerster Wichtigkeit ist.

Die Notizen sind Führung und Hilfe, wenn das Gedächtnis versagt; andererseits belästigen sie den Sprecher nicht, wenn er imstande ist, auch zu denken, wenn er am Rednerpult steht.

John Bright hatte einen Plan der Vorbereitung, der diesem sehr ähnlich war. Er sprach mit Notizen, in denen nur die Schlagworte seiner Argumente und eine Anzahl von Schlüsselsätzen enthalten waren. Den Schluß seiner Rede aber schrieb er immer vollständig Wort für Wort aus.

Punkt 43
Wählen Sie Themen, die Sie angehen und von denen Sie persönliche Kenntnis haben

Falls Sie diese Regel nicht befolgen, werden Sie bald als ein bloßer Schwätzer bekannt werden, was wohl kaum wünschenswert ist.

Es gibt so etwas wie eine verhängnisvolle Leichtigkeit der Rede – eine natürliche Redegewandtheit, die jemandem die Möglichkeit gibt, sogleich improvisiert über einen beliebigen Gegenstand zu reden.

Diese Macht ist eine große Gefahr, ebensosehr wie eine große Gelegenheit. Sie hat manchen, der hohen Ehrgeiz besaß, umgebracht.

Gibt es nicht in jedem Volk Menschen, die einen großen Ruf – einen durchaus nicht wünschenswerten Ruf als bloße Schwätzer und Schönredner erlangt haben?

Schwatzen ist nicht öffentliches Reden – darüber muß man sich klar sein.

Es gibt Hunderte und vielleicht Tausende von Schwätzern; aber nur sehr wenige sind Meister in der Kunst der öffentlichen Rede, wie sie in diesem Buch gelehrt wird.

Ein wahrer öffentlicher Redner weiß ebensogut, wann er zu schweigen und wann er zu reden hat. Er weiß, wann er hören und lernen soll ebensogut, wie wann er lehren soll.

Ganz allgemein gesagt sollte niemand die Anmaßung haben, ohne besondere Kenntnis des Gegenstands oder besondere Erfahrung öffentlich zu sprechen.

Es ist weder klug noch sicher, ohne Autorität zu sprechen.

Früher oder später erhebt sich unter den Hörern Widerspruch, der Feststellungen, die ohne Sachkenntnis gemacht worden sind, beanstandet. Da gibt es bald Bloßstellungen und Tumulte. Eine der wichtigsten Regeln für die Vorbereitung einer Rede ist daher: Beschränken Sie sich auf Gegenstände, über die zu sprechen Sie wirklich berufen sind.

Ein öffentlicher Redner darf nicht in den Ruf eines Schauspielers kommen. Es sei denn, daß er auch nur zur Unterhaltung und zu nichts anderem spricht. Er darf keine Rolle spielen und seine Redegewandtheit nicht für die Erörterung allzu vieler Gegenstände zur Verfügung stellen.

Ausnahmslos waren die großen Redner in der Geschichte diejenigen, die die Macht ihrer Rede nur in den Dienst einer großen Sache gestellt haben.

In dieser Hinsicht unterscheidet sich ein öffentlicher Redner sehr wesentlich von einem Anwalt, dessen Berufsregeln ihm gestatten, jeden beliebigen Klienten zu verteidigen; oder von einem Künstler, der nach seinem Belieben heute eine Landschaft und morgen ein Porträt malt.

Ein öffentlicher Redner muß sich auf ein Spezialthema festlegen, wenn er die Zuhörerschaft beeinflussen will. Er muß Überzeugungen haben. Er muß ernsthaft sein und muß wissen, worüber er spricht.

Punkt 44
Die beste Vorbereitung für eine Rede ist persönliche Erfahrung

Hinter jeder Rede steht der Redner selbst. Wer ist er? Wo war er? Was hat er gesehen? Und vor allem, was hat er geleistet?

Angenommen zum Beispiel, daß eine Massenversammlung abgehalten wird, die die Sicherheit zur See erörtert. Angenommen, ein Sprecher wäre ein hervorragender Kenner der Statistik, ein anderer ein Meister der Rede und ein dritter ein Professor der technischen Wissenschaften. Nehmen wir dann an, daß ein unbekannter Mann aufsteht und eine kurze Rede mit den Worten beginnt: »Ich war Offizier an Bord der ›Lusitania‹, als sie torpediert wurde.« Welche von den vier Reden würde die wirksamste sein?

Eine Zuhörerschaft sehnt sich danach, gepackt zu werden. Sie achtet einen tüchtigen Redner, aber sie verehrt einen Heros. Die Menschen gehen zu einer Versammlung ebensogern, um Leute zu sehen, als um Ideen zu hören. Und je mehr die Plattform einem Salon von Berühmtheiten gleicht, desto entzückter ist die Zuhörerschaft.

Aus diesem Grunde empfiehlt es sich, daß sich ein öffentlicher Redner für eine große Rede wenn irgend möglich durch persönliche Erfahrungen vorbereitet. Keine Art der Vorbereitungen gleicht dieser an Wirksamkeit.

Wollen Sie über die Armut sprechen, so besuchen Sie die Arme-Leute-Quartiere und sehen Sie selbst. Wollen Sie über Kohle sprechen, so besuchen sie womöglich zunächst ein Kohlenbergwerk. Und haben Sie bei einem Kriegerdenkmal zu sprechen, dann sehen Sie sich zunächst die namenlosen Gräber auf den Schlachtfeldern der Kriege an.

Identifizieren Sie sich mit Ihrem Gegenstand durch dramatische, persönliche Erfahrung. Das ist die beste Vorbereitung für eine Rede.

Siebtes Lehrbuch

Wie man anfängt

Punkt 45
Machen Sie sich klar, daß öffentliches Reden eine Vergünstigung und eine Gelegenheit ist

Die meisten Lehrbücher über öffentliches Reden sagen Ihnen: »Sehen Sie zuversichtlich aus«, »Sehen Sie heiter aus«, »Blicken Sie den Zuhörern in die Augen« und dergleichen mehr.

Diese Anweisungen sind für Anfänger sehr gefährlich. Sie bewirken, daß Sie zu selbstbewußt und unnatürlich aussehen. Und man gewinnt nichts, wenn man sich gebärdet oder den Leuten etwas einreden will.

Denken Sie nicht daran, wie Sie aussehen. Sehen Sie aus, wie Sie sich fühlen. Versuchen Sie nicht wie ein Festredner auszusehen, wenn Sie es nicht sind.

Gehen Sie auf das Wesen Ihrer Rede los und überlassen Sie das Aussehen sich selbst.

Vergessen Sie nicht: Was wir in diesem Lehrgang anstreben, ist *wirksames* öffentliches Reden, nicht Schauspielerei oder bloße Schönrednerei.

Es ist weit besser, nervös und erschrocken auszusehen und ein paar Sätze in ehrlicher, ernster Überzeugung zu stammeln, als in der Manier eines Gladstone aufzutreten und deklamierend Gefühle zu verkünden, die man nicht empfindet.

Sind Sie wirklich zuversichtlich und in einer freudigen und angenehmen Stimmung, um so besser. Das hilft natürlich im Anfang einer Rede ganz außerordentlich.

Sind Sie es aber nicht – sind Sie von Natur aus schüchtern und befürchten Sie, daß Sie keinen Erfolg haben werden –, so nehmen Sie nicht etwa ein künstlich selbstbewußtes Aussehen an, sondern versuchen Sie, Ihre innere Einstellung zu ändern.

Trachten Sie das Gefühl der Furcht loszuwerden. Schließlich und endlich ist eine Zuhörerschaft doch nur eine Anzahl von Leuten, die sich in den meisten Fällen darauf freuen, zuzuhören.

Betrachten Sie Ihre Zuhörerschaft als eine Gelegenheit. Betrachten Sie aber Ihre Rede gleichzeitig auch als eine Vergünstigung.

Je mehr Zuhörer Sie haben, desto besser – wenn Sie ein tüchtiger Redner werden wollen. Sie müssen daher eifrig darauf bedacht sein, so oft wie möglich zu sprechen. Und wenn Sie eifrig sind, ergibt sich das ganz von selbst, daß Sie Ihre Reden in zuversichtlichem und die Hörer angenehm berührendem Ton beginnen.

Punkt 46
Fangen Sie so ruhig und so langsam wie möglich an

Halten Sie sich vor Augen, daß man seine Zuhörer überreden und nicht gewaltsam überrennen soll. Sie müssen gewonnen, aber nicht mit List erobert werden.

Sprechen Sie im Anfang zu kraftvoll und nachdrücklich, so stellt sich die Zuhörerschaft auf die Defensive ein. Das ist verderblich.

Sie müssen Ihre Zuhörer nicht reizen. Sie müssen nicht davon ausgehen, daß Sie mit Ihnen nicht übereinstimmen. Sie müssen nicht beginnen, als ob Ihre Rede ein Kampf werden sollte.

Je weniger volkstümlich Ihre Ideen sind, desto ruhiger und sanfter müssen Sie anfangen zu sprechen.

Wenn Ihre Zuhörer darauf gefaßt sind, nicht mit Ihnen übereinzustimmen, müssen Sie sie durch persönliche und vernünftige Art zu entwaffnen versuchen.

Wenn Sie Hühnersuppe wollen, müssen Sie sich zunächst ein Huhn fangen. So ist es bei der Zuhörerschaft. Erst müssen Sie sie fangen, und dann können Sie ihr Ihre Anschauungen beibringen.

Sie müssen daher Ihre Zuhörerschaft nicht verblüffen, sie nicht beschimpfen, ihr nicht opponieren, sie nicht vergewaltigen wollen. Fangen Sie leicht, sanft und ruhig an.

Zwischen dem Anfang einer Rede und der Rede selbst besteht, wie wir später noch sehen werden, ein ziemlich großer Unterschied.

Im Anfang bereiten Sie nur den Weg für Ihre Rede vor. Sie versetzen die Zuhörer lediglich in eine aufnahmefähige Stimmung.

Punkt 47
Sie müssen sich selbst einführen, bevor Sie Ihren Gegenstand einführen

Beim Beginn einer Rede ist die Hauptsache, daß Ihre Zuhörer sich für Ihre Person interessieren. Sie müssen ihnen gefallen, und sie müssen geneigt gemacht werden, Ihnen bis zum Ende zuzuhören.

Sind Sie den Zuhörern fremd, so werden sie gespannt sein, zu erfahren, wer Sie sind. Sie beobachten Ihr Gesicht, Ihre Stimme, Ihre Kleider, Ihren Akzent. Sie fragen sich, woher Sie das Recht nehmen, bei diesem wichtigen Anlaß zu sprechen.

Der Vorsitzende hat Sie vielleicht mit einigen Worten eingeführt, hat aber nicht genug über Sie gesagt. Sie sind neu, und Ihre erste Aufgabe ist es, sich dessen zu versichern, daß Ihre Zuhörer eine günstige Meinung über Sie bekommen.

Das alles mag jenen ernsten Leuten, die an nichts als den Gegenstand ihrer Rede denken, trivial erscheinen. Aber dieser Lehrgang lehrt nicht Ernsthaftigkeit. Er lehrt Wirksamkeit.

Viele ernste und tüchtige Redner beeinträchtigen dauernd ihre eigene Wirkung dadurch, daß Sie diesen *Punkt 47* außer acht lassen. Sie stürzen sich sofort in die Verteidigung ihrer Sache, bevor noch ihre Zuhörer bereit sind, wirklich zuzuhören. Die Folge ist, daß sie eine Menge unnötiger Reibungen und Feindseligkeiten bekommen.

Andererseits erwartet Ihre Zuhörerschaft, wenn Sie ihr wohlbekannt sind, daß Sie auf freundliche Weise beginnen; und sie fühlt sich enttäuscht und wird kalt, wenn Sie es nicht tun.

Punkt 48
Erwähnen Sie, daß Sie den Anlaß zu reden, schätzen

Auch der Anlaß soll in einer freundlichen Weise erwähnt werden, bevor Sie sich dem Gegenstand Ihrer Rede zuwenden.

Jede öffentliche Versammlung hat ausnahmslos einen irgendwie bemerkenswerten Anlaß.

Sie ist entweder die erste ihrer Art oder die größte oder die einflußreichste oder die eigenartigste.

Vielleicht ist das Datum der Versammlung bemerkenswert. Oder der Saal, in dem sie gehalten wird, oder es sind die letzten Tagesneuigkeiten.

Den Anlaß zu würdigen, ist ein Kompliment für die Zuhörerschaft. Es war klug, daß die Hörer gekommen sind. Sie sollen Freude darüber empfinden, daß sie an dieser Versammlung teilgenommen haben.

Jeder nimmt gern an einer Versammlung teil, die bedeutungsvoll und einzig in ihrer Art ist. Ein klein bißchen ihres Glanzes fällt auf jeden Zuhörer.

Es wirkt auch als Bescheidenheit und ist guter Geschmack, die Bedeutung der Versammlung ihrem Anlaß und nicht Ihrer Person als Redner zuzuschreiben.

Punkt 49
Immer und überall müssen die ersten Sätze einer Rede aktuell und zeitgemäß sein

Eine Rede muß damit beginnen, daß sie sich der Zeit, dem Ort und der Zuhörerschaft anpaßt. Sie muß der Zeit angemessen sein.

Ist sie zeitgemäß, so werden ihre Mängel gern vergeben. Ist sie es nicht, so werden ihre Vorzüge vergessen.

Was ist weniger wirkungsvoll als eine unwichtige Rede bei einem ernsten Anlaß oder eine ernste Rede bei einem unwichtigen Anlaß?

Die beste Rede, die Pitt jemals gehalten hat, würde als Tischrede bei einer Hochzeitsgesellschaft ziemlich komisch gewirkt haben.

Deswegen dürfen Sie niemals, wie das manche Leute tun, Reden auf Lager halten, die bei jeder beliebigen Gelegenheit gehalten werden.

Eine Rede muß frisch sein. Sie muß aktuell sein. Sie ist am wirksamsten, wenn sie der Situation genau angepaßt ist und wenn sie ausdrückt, was sie nach dem Gefühl jedes Hörers ausdrücken sollte.

Ist die Rede bestimmt, einer allgemeinen Trauer Ausdruck zu geben, so fängt man am entsprechendsten so an: »Herr Vorsitzender und liebe Leidtragende.« Ist die Versammlung politisch, so können Sie damit beginnen, daß Sie von Ursachen und wahrscheinlichen Ergebnissen sprechen. So würde ein sehr guter Satz zur Einleitung folgendermaßen lauten: »Wie Sie alle wissen, ist diese Versammlung der dritte Akt eines höchst interessanten Dramas.«

Wird die Versammlung abgehalten, um neue Ideen zu verkünden oder eine neue Organisation zu schaffen, so würde ein passender Anfang sein: »Nun endlich nach vielen Mißerfolgen und Enttäuschungen schlägt für uns die Stunde des Erfolgs.«

Der Inhalt Ihrer Rede ist vielleicht nicht neu. Vielleicht ist es eine alte, alte Geschichte; aber wenn sie es ist, so wird

Ihnen die Versammlung gutmütig zuhören, wenn Sie nur mit einigen neuen und zeitgemäßen Bemerkungen beginnen.

Punkt 50
Das erste Ziel eines Redners ist es, wohlwollende Aufmerksamkeit auf sich zu lenken

Eine Rede gleicht einem Verkauf oder einer Anzeige. Sie zerfällt naturgemäß in drei Teile: 1. Wohlwollende Aufmerksamkeit, 2. Interesse, 3. Wunsch, der zur Handlung führt.

Will er etwas verkaufen, so wird ein tüchtiger Verkäufer, der seine Sache versteht, nicht sofort über die Ware sprechen. Er spricht zunächst über den Kunden oder über etwas, das für beide Teile Interesse hat.

Er paßt sich dem Gedankengang des Kunden so schnell und so leicht an, wie er kann. Er würdigt den Gesichtspunkt des Kunden und beseitigt jede mögliche Gegnerschaft, jeden Verdacht.

Eine gut geschriebene Anzeige tut das gleiche. Ihre Schlagzeile beschäftigt sich nicht mit der Ware, sondern mit dem Käufer. Ihr Ziel ist, den Blick einzufangen – wohlwollende Aufmerksamkeit zu erwecken.

Die Schlagzeile ist das Schaufenster der Anzeige. Sie ist ihre Ausstellung. Ist sie schlecht geschrieben, so wird die Anzeige nicht bemerkt. Das Auge gleitet darüber hin, ohne festgehalten zu werden.

Eine gute Schlagzeile nimmt auf irgendeine zeitgemäße Sache Bezug, an der das Publikum interessiert ist; oder sie erregt Neugierde; oder sie ist neuartig; oder sie ist eine allgemein bekannte Wahrheit, die gut vorgebracht wird.

Was immer sie ist, sie muß Aufmerksamkeit erwecken, sie darf nicht schal, nicht gewöhnlich, nicht matt und alltäglich sein. Das obere Drittel jeder Anzeige soll diesem Zweck dienen, damit sie erfolgreich mit anderen Anzeigen in Wettbewerb tritt und die wohlwollende Aufmerksamkeit des kaufenden Publikums erweckt.

Diese wesentliche Bauart einer Anzeige hat Sheldon als erster zum geistigen Gesetz der Verkaufskunst erhoben. Sie läßt sich in gleicher Weise auf das öffentliche Reden anwenden.

Sie dürfen keineswegs annehmen, daß Sie der Aufmerksamkeit Ihres Publikums bereits sicher sind, weil die Zuhörer Sie ansehen. Mit ihren Gedanken sind viele der Anwesenden vielleicht weit fort.

Sie müssen die ungeteilte Aufmerksamkeit Ihrer Zuhörer haben. Sie müssen sie erpicht auf Ihre Rede und neugierig machen. Sie müssen sie fassen. Sonst wird Ihre Rede, mag sie noch so gut sein, mit einer Art Gleichgültigkeit aufgenommen.

Punkt 51
Sie müssen Ihre Zuhörer zu einer Einheit zusammenfassen, bevor Sie beginnen, Sie zu belehren

Eine Zuhörerschaft ist im Anfang wie ein zusammengewürfelter Haufen, noch keineswegs eine wirkliche Zuhörerschaft. Sie müssen sie als Rohmaterial ansehen, aus dem Sie erst eine Zuhörerschaft machen.

Sie müssen Ihre Zuhörer gewissermaßen zu einer Person zusammenschweißen. Das ist die Kunst des öffentlichen Redens.

Wie aber können Sie Leute aller Art und aller Umstände zu einer Einheit verschmelzen? Indem Sie auf Tatsachen oder Gefühle verweisen, die allen gemeinsam sind.

Sie können mit einer lokalen Anspielung oder mit einem Scherz beginnen, den jeder leicht versteht, mit einem Kompliment oder mit einem Hinweis auf die Tagesneuigkeiten.

Unter keinen Umständen dürfen Sie mit einer Behauptung anfangen, die Widerspruch erregen kann oder nicht geglaubt wird. Selbst wenn es Ihr Zweck ist, dem ausgesprochenen Willen der Versammlung direkt entgegenzutreten, müssen Sie damit anfangen, daß Sie mit ihr in irgendeinem Punkt übereinstimmen.

Sagt man einer Zuhörerschaft nichts anderers, als was sie bereits weiß und glaubt – schmeichelt man ihren Vorurteilen –, so ist man ein Demagoge. Und wie jeder weiß, sind viele öffentliche Redner berufsmäßige Demagogen, die den Beifall zu Profit ausmünzen. Die meisten Redner in England gehen im Gegensatz hierzu nach der anderen Richtung zu weit, weil sie besorgt sind, als Demagogen zu gelten. Sie sind zu unabhängig, zu gegnerisch eingestellt und zu gleichgültig gegen die Launen der Zuhörer.

Vom Standpunkt wirksamen öffentlichen Redens ist dies ein schwerer Fehler. Je mehr Sie entschlossen sind, mit der Zuhörerschaft über den Hauptpunkt der Erörterung nicht übereinzustimmen, desto wichtiger ist es, daß Sie über eine Anzahl vorher zu erörternder Dinge mit ihr einer Meinung sind.

Kurz gesagt: Die Einleitung Ihrer Rede ist das dünne Ende des Keils, und je dünner es ist, desto besser.

Punkt 52
Fangen Sie womöglich damit an, sich mit Ihrer Zuhörerschaft irgendwie in enge Verbindung zu bringen

Sprechen Sie als ein Freund, nicht als ein Fremder. Trachten Sie zwischen Ihren Hörern und sich selbst etwas Verbindendes herzustellen. So gewinnen Sie ihr Vertrauen.

Es würde zum Beispiel ein guter Anfang sein, wenn Sie sagen:

»Meine Damen und Herren! Obwohl dies der erste Anlaß ist, bei dem ich vor Ihnen auf der Rednertribüne erscheine, bin ich hier doch kein Fremder. Tatsächlich habe ich *hier* sprechen gelernt. Denn ich bin hier geboren.«

Wo immer und zu wem immer Sie sprechen, stets gibt es ein Mittel, durch das Sie mit Ihrer Zuhörerschaft eins werden können. Alle guten Redner verstehen das, und es ist stets wirksam. Es ist eines der Anzeichen, daß Sie die Technik des öffentlichen Redens beherrschen.

Punkt 53
Hat ein anderer Redner vor Ihnen gesprochen, so beginnen Sie damit, seinen Gedankengang fortzuspinnen

Passen Sie Ihre Rede der ihr unmittelbar vorhergehenden an. Das ist nicht nur ein Kompliment für Ihren Vorredner. Es erhält und erfaßt auch die Aufmerksamkeit und das Vertrauen der Zuhörerschaft in wirksamer Weise.

Wenn Sie dies geschickt tun, so hilft das die Versammlung zu einer Einheit zu gestalten. Sie bauen Ihre Rede auf festem Boden, auf den Reden auf, die ihr vorhergegangen sind. Das gibt dem Verlauf der Versammlung Fluß und Nachdruck.

Haben mehrere Redner vor Ihnen gesprochen, so können Sie wirksam damit beginnen, daß Sie deren Argumente zusammenfassen und dann Ihre Einleitung mit Ihrem eigenen Argument schließen. So machen Sie die Gesamtheit der Reden der anderen zur Einleitung Ihrer eigenen Rede.

Achtes Lehrbuch

Wie man überzeugt und wie man schließt

Punkt 54
Beginnen Sie den Kernpunkt Ihrer Rede, indem Sie sich für Ihre Sache wohlwollende Aufmerksamkeit sichern

Das erste ist, wie wir gesehen haben, daß Sie die Aufmerksamkeit und das Wohlwollen Ihrer Zuhörerschaft für sich selbst erlangen. Je schneller Ihnen das gelingt, desto besser. Der nächste Schritt ist, die Zuhörer für Ihr *Thema* günstig zu stimmen – sie vorzubereiten, mit Ihnen übereinzustimmen.

Manchmal können Sie sich sofort in Ihre Argumente stürzen; und manchmal müssen Sie zunächst Vorurteile und Mißverständnisse beseitigen. Sie müssen sich immer fragen: »Was denken die Leute jetzt über diesen Gegenstand?« Sie können ihre augenblicklichen Meinungen nicht ignorieren. Wenn Sie ein Faß mit Öl füllen wollen und es bereits zum Teil mit Wasser gefüllt haben, müssen Sie zunächst das Wasser ausgießen.

Hat die Presse einen falschen Eindruck herbeigeführt, so ist es jetzt an der Zeit, ihn zu beseitigen.

Ist der Gegenstand selbst vage, so ist es jetzt an der Zeit, ihn klarzustellen.

Besteht eine Feindseligkeit gegen Ihre Anschauungen an dem Ort, an dem Sie sprechen, so ist jetzt die Zeit, sich frei und offen darüber auszuspechen.

Besteht ein Durcheinander, eine Verwirrung der Gedanken, ein Vorurteil oder eine Nichtübereinstimmung, so ist jetzt die Zeit, sie aus dem Wege zu räumen.

Gelegentlich empfiehlt es sich, wenn persönliche Meinungsverschiedenheiten festgestellt worden sind, sie zu ignorieren und das Hauptargument sogleich ins Feld zu führen.

In den meisten Fällen aber ist es am besten, die Gegner nicht zu unterschätzen und mit den Widersachern soweit als tunlich Übereinstimmung herbeizuführen, bevor Sie mit dem Kernpunkt Ihrer Rede beginnen.

Für gewöhnlich gewinnt man nichts dabei, wenn man Schwierigkeiten ausweicht. Tun Sie das, so findet es die Zuhörerschaft bald heraus und bekommt eine geringschätzige Meinung von Ihrer Ernsthaftigkeit und Ihrem Mut.

In England lieben es die Zuhörer, wenn man in einer Rede geradeswegs aufs Ziel losgeht. Sie ziehen einen Redner vor, der den Gegner direkt angreift, sofern ein Gegner vorhanden ist. Sie haben keine Achtung für sophistisches Ausweichen, auch wenn es noch so glänzend vorgebracht wird.

Müssen Sie daher in die Brennesseln greifen, so packen Sie fest zu und reißen Sie sie aus.

Sie müssen aber sowohl fair als fest sein. Gibt es gute Gründe für ein Vorurteil, so sprechen Sie freimütig darüber. Haben Ihre Mitarbeiter Fehler gemacht, so geben Sie es zu. Das alles ist sehr notwendig, wenn Sie wollen, daß Ihre Zuhörer Ihre Argumente unbeeinflußt anhören.

Punkt 55
Kommen Sie mit Ihren Tatsachen, sobald Sie den Weg frei gemacht haben

Tatsachen bilden das Rückgrat jeder wirksamen Rede. Wozu sprechen Sie überhaupt, wenn Sie keine anführen können?

Eine Reihe freundlicher Bezugnahmen und lustiger Geschichten ist noch lange keine Rede. Sie ist nur ihr verzierter Rahmen.

Eine wirkliche Rede muß Substanz haben. Sie muß ein Gerüst haben. Sie muß aus Tatsachen so aufgebaut sein, wie ein Haus aus Steinen.

Ein törichter Zyniker hat einmal gesagt, daß die Rede die Kunst ist, Gedanken zu verbergen. Das Gegenteil ist wahr, sie ist die Kunst, Gedanken zu vermitteln.

Haben Sie den Vorzug, in der Öffentlichkeit zu sprechen, so sind Sie gewissermaßen ein Erzieher. Sie formen den Charakter von Menschen. Sie haben eine schwerwiegende Verantwortlichkeit. Sie sind ein Treuhänder.

Sie können sich nicht selbst treu sein und dabei die niederen Ideale eines Kabarettkomikers haben. Sie können nicht mit sich selbst zufrieden sein, wenn es Ihr einziges Ziel ist, sich Gelächter und Beifall, ganz gleichgültig, auf wessen Kosten, zu verschaffen.

Sie müssen Ihre Rede auf Tatsachen aufbauen. Sie können diese Regel mißachten oder brechen, aber Sie können sie niemals mit Erfolg verleugnen und der Buße dafür entgehen.

Sie dürfen nicht als ein bloßer Schwätzer bekannt sein. Das ist für jeden öffentlichen Redner vernichtend. Und das beste Mittel, es zu vermeiden, ist, stets eine genügende Menge von Tatsachen vorzubringen, so daß Ihre Rede sich der Mühe lohnt.

Punkt 56
Gruppieren Sie die Tatsachen, die Sie anführen so, daß sie zu einer Klimax aufsteigen

Bringen Sie zunächst die weniger wichtigen Tatsachen und Argumente an. Führen Sie dann Ihre Zuhörerschaft nach und nach auf ein höheres Niveau.

Halten Sie sich vor Augen, daß Sie keine neue Idee schwungvoll vorbringen dürfen, bevor Sie Ihre Zuhörerschaft in Begeisterung versetzt haben. Diese Grundregel des öffentlichen Redens lassen viele Anfänger unbeachtet. Sie büßen dadurch an Wirkung ein und geraten auch häufig in Verwirrung.

Sie müssen Ihrer Zuhörerschaft das geben, zu dessen Aufnahme sie bereit ist. Sie müssen sie Schritt für Schritt auf die Höhe der Stimmung bringen. Eine wirksame Rede klettert gewissermaßen empor. Sie bewegt sich aus dem Tal weniger wesentlicher Tatsachen auf die Höhe der bedeutungsvolleren, bis sie den Gipfel der *›Großen Tatsache‹* erklommen hat. Dieses Gefühl des Kletterns gibt den Zuhörern Enthusiasmus und versetzt sie in gute Stimmung.

Ein Meisterredner führt seine Zuhörer, die ihm gespannt und atemlos folgen, immer höher hinauf.

Dadurch fühlt die Zuhörerschaft sich selbst wachsen. Sie ist erschüttert. Sie entfaltet sich. Warum? Weil sie aufwärts geführt wird zu einer Stelle, aus der sich ihren Gedanken eine weitere und umfassendere Aussicht öffnet.

Dieser Zustand läßt sich zum Teil auf die natürliche Beredsamkeit des Redners, zum Teil auf die richtige Anordnung der von ihm vorgebrachten Tatsachen zurückführen.

Selbst ein mäßig begabter Redner, der die Tatsachen so anzuordnen versteht, daß er die Hörer zu einem Höhepunkt hinaufführt, kann eine wirksamere Rede halten als ein brillanter Redner, der ihnen die Tatsachen und Ideen nur planlos und unorganisch hinwirft.

Wenn Sie die Reden mancher wohlbekannter Personen des öffentlichen Lebens sorgfältig beobachten, so bemerken Sie, daß sie gar keine Redner sind. Sie sind weder begabt noch als öffentliche Redner ausgebildet, und doch machen sie aus dem einen einzigen Grunde großen Eindruck, weil sie verstehen, die Tatsachen so anzuordnen, daß sie nach und nach zu einer Klimax kommen.

Punkt 57
In jeder Rede soll es eine solche Klimax geben, aber ihre Natur hängt von dem besonderen Anlaß ab

Eine Klimax muß nicht immer etwas Erschütterndes sein. Sie muß nicht notwendigerweise so wirken, wie die Klimax eines Melodramas.

Spricht man bei einem gesellschaftlichen Anlaß, so kann die Klimax der Rede Wortspiel oder ein gelungener Scherz sein. Spricht man in der Versammlung einer Handelskammer, so darf die Klimax die Anführung einer überzeugenden Statistik oder ein Vorschlag zur Lösung irgendeines wirtschaftlichen Problems sein.

Bei einer Rede in einer Volksversammlung, die einberufen ist, um die öffentliche Meinung über irgendeinen besonderen Gegenstand zum Ausdruck zu bringen, kann die Klimax eine Forderung an die Regierung sein, etwas Bestimmtes zu tun oder im allgemeinen soziale Verbesserungen durchzuführen.

So kann also die Klimax einer Rede ein Scherz, eine pathetische Erklärung, eine Statistik, ein Gedicht, eine Entscheidung oder eine Forderung sein. Sie kann erschüttern oder unterhalten, überzeugen, erfreuen oder zu Höhen führen.

Die Hauptsache, die man sich stets vor Augen halten muß, ist, daß jede Rede zu derjenigen Klimax aufsteigen muß, die dem Wesen ihres Gegenstands angepaßt ist.

Eine statistische Rede darf keine pathetische Klimax haben. Eine Trauerrede darf nicht mit einem Scherz enden, eine auf komische Wirkung eingestellte Rede darf keine Klimax haben, die erschüttert. Und so weiter.

Um erfolgreich zu sein, muß eine Rede innerlich harmonisch sein. Sie muß sich auf gerader Richtlinie fortbewegen. Sie darf unter keinen Umständen ein Durcheinander von allen möglichen Kleinigkeiten sein, es sei denn, daß gerade diese Kleinigkeiten zu dem Zweck angeführt werden, um ein Bild eines bestimmten Zustands zu geben, den man – lobend oder tadelnd – schildern will.

Eine Anekdote darf nicht an den Haaren herbeigezogen werden, bloß weil man sie zufällig kennt. Der schonungsvolle Ausklang einer Rede, der sich für eine Zuhörerschaft eignet, kann für eine andere vollkommen unbrauchbar sein. Kurz gesagt: Lieber gar keine Klimax haben, als die Wirkung der Rede durch eine unpassende Klimax zu vernichten.

Punkt 58
Vermeiden Sie eine Antiklimax

Wenn Sie die Klimax erreicht haben, so lassen Sie sich nicht durch den Beifall verlocken, das, was Sie geleistet haben, wieder zu zerstören.

In jedem Fall müssen Sie in einem Zeitpunkt aufhören zu sprechen, *in dem die Hörer noch den Wunsch haben, daß Sie weiterreden sollten.* Es soll den Hörern leid tun, daß Sie sich niedersetzen.

Der schlimmste Schluß einer Rede ist ein lang ausgesponnenes Ende, das man mit Phrasen einleitet, wie: »Noch eine Sache und ich bin fertig.« »Darf ich nun noch ein letztes Wort sagen?« »Darf ich Ihre Zeit noch einen Moment länger in Anspruch nehmen?« und so fort. Derartig verschlepptes Schließen einer Rede ist unentschuldbar. Sie zerreißen damit die Rede in Fetzen.

Sollten Sie in der Mitte Ihrer Rede eine natürliche Klimax erreichen, so empfiehlt es sich, daß Sie sich niedersetzen und nicht fortfahren. Unter allen Umständen sollten Sie sich unbedingt dann niedersetzen, wenn Sie merken, daß Sie die Zuhörerschaft nicht zu noch höherer Begeisterung hinreißen können. Sollten Sie zu Ihrer Überraschung bemerken, daß irgendein Teil Ihrer Rede unerwartet zündet, so empfiehlt es sich, daß Sie sich sofort verbeugen und zu sprechen aufhören. Die Zuhörer werden dann glauben, daß Sie diese Klimax geplant haben.

Es ist sehr schwer, diese Regel zu befolgen, aber sie ist überraschend wirksam. Gewöhnen Sie sich also an den Gedanken, daß es durchaus nicht so wichtig ist, die ganze Rede zu halten. Die Hauptsache ist das Ergebnis. Und je schneller Sie das Ergebnis herbeiführen können, ein desto besserer Redner sind Sie.

Wenn wir von wirksamer Leistung auf irgendeinem Gebiet sprechen, so verstehen wir darunter einen höheren Prozentsatz des Ergebnisses. Bei Anwendung dieser Definition einer Rede können Sie sagen, daß eine wirksame Rede diejenige ist, welche – an ihrer Zeitdauer gemessen – einen hohen Prozentsatz an Resultaten ergibt.

Sie müssen daher jederzeit bereit sein, die Länge Ihrer Rede auf dem Altar der Ergebnisse zu opfern.

Punkt 59
Erwähnen Sie niemals eine unangenehme Tatsache, bevor Sie die volle Sympathie und das Vertrauen Ihrer Zuhörer gewonnen haben.

Jeder richtige öffentliche Redner sagt seinen Zuhörern einige Wahrheiten, die unerfreulich sind. Tatsächlich können Sie sowohl seinen Charakter als auch seine Tüchtigkeit an dem Erfolg messen, mit dem er einer Zuhörerschaft das sagen kann, was sie wissen muß, aber was sie nicht gern hört.

So wie ein kluger Apotheker eine Dosis Rizinusöl in einem Glas Himbeersaft verabreicht, so umgibt ein kluger Redner eine Dosis Wahrheit mit einer Verhüllung von Humor und mit der Erzählung von Anekdoten.

Jeder kann seinen Zuhörern eine unerfreuliche Tatsache an den Kopf werfen. Das tut man aber nur, wenn man sehr ungeschickt ist und bei aller guten Absicht die Dinge durcheinanderbringt. Es erfordert aber höchste Geschicklichkeit, um einer Zuhörerschaft ihre Fehler und Nachteile klarzumachen. »Die Wahrheit mit Liebe zu besprechen« ist eine der feinsten Künste, die man sich nicht leicht aneignen kann. Glauben Sie mir: Jede Zuhörerschaft sehnt sich danach, die Wahrheit zu hören, wenn man sie ihr nur klug und ohne ihre Gefühle zu verletzen beibringen kann. Bei einer Massenversammlung im Freien kann ein Redner seine Zuhörer sogar beschimpfen, und wenn er es ernst meint und klug macht, werden sie ihm noch Beifall spenden.

Der Redner muß aber zuerst beweisen, daß er das Recht hat, als ein Freund freimütig zu sprechen. Er muß das volle Vertrauen und die Ergebenheit der Zuhörerschaft besitzen. Und er muß gezeigt haben, daß er die Dinge vom Standpunkt seiner Hörer aus betrachtet.

Fühlen die Leute, daß man einer von ihnen ist, dann haben sie nichts dagegen, wenn man freimütig oder sogar scharf spricht. Nimmt man aber die Haltung eines Vorgesetzten an, so werden sie keine Kritik dulden, ohne sie zurückzuweisen, ganz gleichgültig, wie gerecht diese Kritik ist.

Punkt 60
Ordnen Sie Ihre Ideen so an, daß Sie nicht nur eine Klimax erreichen, sondern auch ein fortlaufender Zusammenhang besteht

Bei einer gut aufgebauten Rede leitet jede Idee zu der nächsten über. In ununterbrochener Folge entfaltet sich das Blatt zur Knospe und die Knospe zur Blüte. Wie ein Marmorblock unter den Schlägen des Bildhauers muß sich Ihre Rede entwickeln und Form annehmen. Aus jeder Idee ersprießt eine neue, größere.

Eine derartig organisch aufgebaute Rede fasziniert die Zuhörer und macht ihnen Eindruck.

Nur so eine Rede überzeugt. Sie bezwingt den Geist der Zuhörer. Wenn sie nach Hause gehen, sagen sie dann: »Wir waren ganz hingerissen.«

Eine solche Wirkung einer Rede wird immer nur durch Anordnung der Ideen in sinngemäßer Aufeinanderfolge herbeigeführt. Sie ist nicht weniger entscheidend als die Kraft und das fließende Sprechen des Redners.

Punkt 61
Wenn Sie ein Gedicht zitieren oder einen leidenschaftlichen, pathetischen Ausbruch erreichen wollen, so heben Sie sich das für den Schluß auf, und lassen Sie es vollkommen fallen, wenn die Zuhörer dazu nicht in der Stimmung sind

Diese drei ›Ps‹, Poesie, Passion und Pathos, haben schon manchen Redner scheitern lassen. Fast jeder unausgebildete Redner stottert ein paar holprige Sätze und endigt mit einigen Versen aus einem epischen oder lyrischen Gedicht. Daran erkennt man den Neuling.

Als eine sichere Regel empfehle ich jedem, die Poesie gänzlich beiseite zu lassen oder sie frühestens nach zehn Jahren Erfahrung auf der Rednertribüne anzuwenden.

Es ist immer am sichersten für unfertige Redner, sich an Tatsachen zu halten und Gefühle beiseite zu lassen.

Die Redekunst ist wie eine Leiter – Sie müssen sie Sprosse für Sprosse erklettern. Nur der Meisterredner kann nach Willkür Lachen und Tränen, Ärger und Entzücken hervorrufen.

Tun Sie die ersten Dinge zuerst. Wenden Sie sich an den Verstand, die Brieftasche, den Willen. Später – wenn Sie erst einmal Zutrauen erworben und sich die Technik der Rede angeeignet haben – dürfen Sie es wagen, auch an das Gefühl zu appellieren.

Neuntes Lehrbuch

Humor und Bildworte

Punkt 62
Vermeiden Sie wie die Pest, langweilig zu sein

Die öffentliche Tribüne ist der Himmel der Dilettanten. Hundert Leute, die zum Reden so unbefähigt sind wie zum Seiltanzen, bestehen darauf, ihre sogenannten Reden dem Publikum vorzusetzen.

Hat nicht beinahe jede Stadt und jede Gemeinde ihren langweiligen, trockenen, langatmigen Vernichter von Zuhörerschaften?

Gewöhnlich sind solche Leute Gemeinderäte, Stadtväter, Bürgermeister und Parlamentsmitglieder. Ihre offizielle Stellung gestattet ihnen, die Qual aller öffentlichen Versammlungen zu werden.

Sie haben schon manche große Versammlung umgebracht. Wo immer sie ein Aufflammen von Enthusiasmus merken, kommen diese langweiligen Leute und tun ihr Bestes, das Feuer wie mit einer nassen Decke zu ersticken .

Jede wertvolle bürgerliche oder nationale Vereinigung muß von Anfang an unbedingt vor diesen matten Rednern, die es sehr gut meinen, aber sehr schlecht sprechen, behütet werden. Langweiligkeit und überflüssiger Wortreichtum sind unentschuldbar. Sie sind ein schwerer Schaden für jede Sache, in deren Dienst sie gestellt werden. Und jetzt, in einer Zeit, in der so viele Lebensfragen in öffentlichen Versammlungen erörtert werden, ist der Augenblick gekommen, mit langweiligen Leuten streng umzugehen, ganz gleichgültig, was ihr Titel oder ihre offizielle Stellung ist.

Punkt 63
Zu jeder wirksamen Rede gehört ein Element der Unterhaltung

Die einzige Ausnahme von dieser Regel ist zu machen, wenn die Veranstaltung an und für sich für Amüsement oder für einheitliches Interesse sorgt.

Bei einer Hochzeit, bei der Eröffnung einer Ausstellung, bei Überreichung einer Medaille, kurz bei irgendeiner Versammlung, die in erster Linie an sich ein Ereignis darstellt, wird die Rede von nebensächlicher Wichtigkeit und braucht aus diesem Grund auch kein Element der Unterhaltung zu enthalten.

Daß eine solche Unterhaltung notwendig ist, ist eine sehr moderne Angelegenheit. Für frühere Generationen in einem einfacheren, ruhigeren und weniger sensationellen Zeitalter war sie jedoch noch nicht notwendig. Heute dagegen ist sie unentbehrlich.

Die Tage der dreistündigen Predigten sind glücklicherweise für immer vorüber. Wir leben im Zeitalter der Massenmedien und der Massenverkehrsmittel. Das Leben ist nicht mehr langsam, es ist mit einem Mal schnell, angespannt und lebhaft geworden.

Die Menschen sind nicht mehr dumm, geduldig, von langsamer Auffassung. Sie sind lebhaft, unruhig, nervös, elektrisch.

Wollen Sie die Aufmerksamkeit der Menge erringen und festhalten, so müssen Sie mit hundert anderen Anziehungen in Wettbewerb treten.

Sie müssen die Kunst der öffentlichen Rede vollständig beherrschen, sonst wird es Ihnen zu keinem Zeitpunkt gelingen, einen Platz im öffentlichen Leben zu erringen und festzuhalten.

Wir leben in einer neuen Zeit. Die altmodischen Reden, die nicht mehr waren als stumpfe, schwerfällige Aufsätze über abstrakte Gegenstände, sind heute so veraltet wie Dreschflegel und hölzerne Pflüge.

Punkt 64
Tatsachen an sich sind nur Rohstoff

Wie wir in den vorhergehenden Lektionen gesehen haben, können wir die Tatsachen nicht entbehren; aber merken Sie sich, daß sie dem Publikum nicht als bloße Tatsache hingeworfen werden dürfen. Sie müssen entwickelt, ausgeschmückt, verziert, gemalt und illustriert werden.

Den Goldklumpen einer Tatsache zu entdecken genügt nicht. Sie müssen den Goldklumpen schmelzen und ihn zu einer Brosche oder ein Paar Manschettenknöpfen verarbeiten, bevor Sie ihn Ihrer Zuhörerschaft darbieten.

Um ein anderes Gleichnis zu gebrauchen: Tatsachen allein sind nur trockenes Brot. Sie sind nahrhaft, aber sie schmekken nicht. Sie müssen daher, um annehmbar zu werden, mit Marmelade, Fleisch, gefüllten Oliven oder Ähnlichem belegt serviert werden.

Es ist nicht die Tatsache an sich, sondern was Sie damit machen, die Ihnen den Ruf der Beredsamkeit und der Originalität verschafft.

Wenn wir von einem Redner sagen: »Es kommt nicht darauf an, *was* er sagt, sondern *wie* er es sagt«, so ist das ein sehr hohes Kompliment, denn die Art, in der er Tatsachen vorträgt, zeigt sein technisches Können von der besten Seite.

Bloße Tatsachen sind jedermann zugänglich. Wie man sie verwendet, das ist entscheidend.

Punkt 65
Entwickeln Sie Ihren Sinn für Humor

Schätzen Sie den Humor. Er ist einer der einflußreichsten Faktoren der Welt. Er ist eine Waffe in den Kämpfen des Lebens, eine sehr scharfe und wirksame Waffe.

Humor macht auf beinahe jedermann Eindruck. Die Leute, die für Humor unempfänglich sind, sind zu gering an Zahl, um beachtet zu werden. Die ganze Welt liebt es, zu lachen.

Humor ist Macht. Die Feder eines klugen und geschickten Karikaturisten, der weiß, was er will, stellt eine mächtige Waffe dar. Die Karikatur hat manchen Minister und manches Kabinett gestürzt. Oft hat ein guter Witz, ein humoristisches Plakat oder eine lustige Zeichnung eine Wahl gewonnen oder die Politik der Regierung geändert.

Humor ist mehr als Macht. Er ist ein zwingender Einfluß. Er setzt die öffentliche Meinung zurecht, er erfaßt Menschen, die durch Tatsachen oder Logik nicht erreicht weden können. Er macht eine Zuhörerschaft empfänglich.

Humor ist wie ein Schmiermittel, er verhindert Reibung, er ermöglicht den Rädern des Gedankens, sich schneller und leichter zu drehen. Er ist zur Belehrung einer Zuhörerschaft so nützlich, wie das Öl für die Maschine.

Eine gespannte, unangenehme Lage wird am besten durch kluge Anwendung von Humor entspannt. Und jede Zuhörerschaft weiß den Takt und die Fähigkeit eines Redners zu schätzen, der im kritischen Augenblick seinen Sinn für Humor bewahrt.

Natürlich muß der Humor in seinen Grenzen gehalten werden. Spaß um des Spaßes willen darf nicht sein.

Ein Redner darf kein Komiker sein, es wäre denn, daß er so geschickt ist, jeden Scherz zu ernsten Zwecken gebrauchen zu können. Kann er das, dann hat er ein Recht, so humoristisch zu sein, wie es ihm beliebt.

Punkt 66
Anekdoten müssen neu, passend angebracht und kurz sein

Im allgemeinen ist ein witziger Satz wirksamer als eine witzige Geschichte, weil eine Anekdote vielerlei hineinbringt, was nicht zur Sache gehört. Mit einem humoristischen Satz aber wird keine Zeit verloren, und man geht gerade auf das Ziel los.

Trotzdem kann bei Tischreden und in politischen Versammlungen eine gute Anekdote von Nutzen sein.

Nur muß sie eine neue Geschichte sein. Lieber gar keine erzählen, als eine von diesen alten, abgedroschenen über einen Neger, einen Irländer, zwei Juden oder die liebe Schwiegermutter.

Sie muß passend sein. Eine Geschichte, die künstlich in eine Rede hineingezwungen ist, verfälscht sie, so witzig sie auch an sich sein mag. Sie schwächt die Wirkung der Rede.

Sie muß kurz sein. Eine lange, gewundene Anekdote ist immer geschmacklos. Sie muß mit ein paar kurzen, schnellen Sätzen zu Ende erzählt werden können. Sie darf keinesfalls so lang sein, daß der Zuhörer auf Einzelheiten aufmerksam wird.

Punkt 67
Bilden Sie Ihre Phantasie aus

Je praktischer und statistischer Sie zu denken gewöhnt sind, desto mehr Romane und Dichtungen müssen Sie lesen, desto mehr phantastische Theaterstücke müssen Sie sehen.

Erst in neuerer Zeit haben uns die Psychologen gelehrt, die Phantasie als nützliche, schaffende Kraft zu schätzen.

Sie zeigt uns die besseren Dinge, die man tun könnte. Sie leitet den Pionier, den Erfinder, den Promotor, den Organisator.

Die Phantasie ist der Geist des Morgen, der die Dinge des Heute formt.

Übung 26:
Lernen Sie, sich etwas in der Phantasie vorzustellen. Trainieren Sie Ihren Geist, sich Bilder auszumalen. Jeder kann das tun; als ein Mittel, Verstand und Gedächtnis auszubilden, ist es ungemein wirksam.

Schließen Sie Ihre Augen und stellen Sie sich ein Fußballspiel oder eine Fahrt im Auto durch eine Frühlingslandschaft vor. Sehen Sie sich ein Bild oder eine Maschine an, dann schließen Sie Ihre Augen und trachten Sie, das Bild des Gesehenen auf die Leinwand Ihres Geistes zu projizieren.

Bilden Sie Ihren Geist dazu aus, in Bildern zu denken. Machen Sie sich ein geistiges Bild von einem Freund in der Ferne. Stellen Sie sich selbst vor, wie Sie auf der Tribüne einer großen Halle stehend eine große Zuhörerschaft zu Gelächter und Beifall hinreißen.

Sie können in der Abgeschiedenheit Ihres eigenen Geistes ein wundervolles Kino haben. Sie können Ihre eigenen Stücke auf diese Bühne bringen. So groß ist die Magie der Einbildung, und jeder öffentliche Redner tut wohl daran, sie in sich zu entwickeln.

Punkt 68
Studieren Sie Metaphern und Gleichnisse

Jede Sprache ist zu einem großen Teil aus bildhaften Ausdrücken aufgebaut. Wir können das Wesen einer Sprache nicht verstehen, wenn wir nicht die bildhafte Natur ihrer Worte in Prosa und Poesie studieren. Ist nicht das Wort ›Manufaktur‹ ein Wortbild, das Bild eines Platzes, wo Dinge mit der Hand hergestellt werden, wenn es auch jetzt eine Fabrik bedeutet, in der Maschinen diese Arbeit verrichten?

Ist nicht das Wort ›Erziehung‹ ein Wortbild, das bedeutet, den Geist aus etwas herausziehen und ihn entwickeln?

Wir können uns der bildhaften Natur der Sprache nie entziehen, und es besteht kein guter Grund, es zu tun.

Weit eher müssen wir versuchen, unsere Fähigkeit, eigene Wortbilder zu formen, zu entwickeln. Am besten geschieht dies, wenn wir Dichtungen studieren, die sich am meisten der Bildworte bedienen.

Die Schlußworte aller großen Reden bestehen fast durchwegs aus Bildworten und Gleichnissen. Das ist zum Beispiel stets bei den Reden von Lloyd George der Fall, der gewöhnlich auf irgendein Naturereignis Bezug nimmt, so wenn er sagt: »Die Taten dieser Kanadier werden niemals vergessen werden – nicht bis das Felsengebirge in den Ozean stürzt.«

Das größte rhetorische Schlußwort des großen amerikanischen Redners Bryan – der Satz, im Kampf für den Bimetallismus, der ihn berühmt gemacht hat – war: »Drücken Sie diese Dornenkrone nicht auf die Stirn der Arbeiter; schlagen Sie die Menschheit nicht an ein Kreuz von Gold!«

Und John Bright schloß während des Krimkrieges eine Rede mit den Worten: »Der Engel des Todes ist durch das Land geschritten, fast konnte man den Schlag seiner Flügel hören.«

Punkt 69
Verwenden Sie Humor und Gleichnisse nur, um Nachdruck zu erzielen, und nicht, wenn Sie nur einfache Mitteilungen zu machen haben

Wenn Sie einer Zuhörerschaft nur etwas mitteilen wollen, dann machen Sie dies nur in einfacher, klarer und schmuckloser Sprache – keine Scherze, keine Gleichnisse und auch keine Anekdoten.

Wollen Sie aber einer Idee Nachdruck verleihen, sie tief dem Geist Ihrer Zuhörer einprägen, dann müssen Sie Humor und Gleichnisse im vollsten Maße verwenden.

Bildhafte Worte, Metaphern und Scherze ermöglichen es Ihnen, eine Idee gleichsam lebendig zu machen. Sie gestatten Ihnen, zu übertreiben – Ihre Idee weit über jede andere zu stellen.

Manche wirksame Rede besteht nur aus einer einfachen Idee, die immer wieder neu beleuchtet und betont wird. Je größer die Zuhörerschaft, desto wirksamer ist eine solche Rede.

Tatsachen sind begrenzt, aber Humor und Phantasie sind es nicht. Daher kann eine Rede dermaßen mit Humor und Phantasie bereichert und geschmückt werden, daß sie niemals vergessen wird.

Die einzige Gefahr ist bei Tatsachen, die Grenze zu überschreiten. Dieser Damm darf nicht von Scherzen und Bildern überschwemmt werden. Denn schließlich und endlich ist ja die Tatsache das Gemälde und die Phantasie nur der Rahmen.

Punkt 70
Können Sie eine Idee durch eine Handlung statt durch Worte illustrieren – um so besser

Die Zuhörer lieben es, den Sprecher etwas tun zu sehen. Sie lieben es, seine Rede gewissermaßen zu sehen.

Eine Idee, die gleichzeitig durch das Auge und das Ohr in das Gehirn eindringt, ist doppelt eindrucksvoll.

Als Henry Ward Beecher seine größte Rede gegen die Negersklaverei hielt, hatte er ein entflohenes Sklavenmädchen auf der Bühne neben sich. Um ihren Hals hing eine schwere eiserne Kette.

»Sollen wir diese Kette an diesem Mädchen angeschmiedet lassen, oder sollen wir sie fortschleudern?« rief Beecher am Ende seiner Rede.

»Fortschleudern, fortschleudern!« tobten dreitausend Stimmen. Beecher hob die Kette hoch in die Luft und schleuderte sie zu Boden. Die Wirkung war elektrisierend.

In allen Fällen, wo Sie viele Zuhörer haben und wenn Sie Enthusiasmus erzeugen wollen, hat es eine wunderbare Wirkung, wenn Sie etwas tun oder etwas zeigen.

Die meisten Leute sind lebhafter, wenn sie ihre Augen als wenn sie ihre Ohren verwenden. Sie erinnern sich länger an das, was sie gesehen, als an das, was sie gehört haben.

Wenn Sie sich ein Theaterstück, das Sie einmal gesehen haben, in Erinnerung rufen, zeigt es sich, daß Sie sich vielleicht daran erinnern können, was die Schauspieler getan haben, während Sie vielleicht gänzlich vergessen haben, was sie gesagt haben.

Daher ist es klug, irgendeine Handlung in Ihre Rede einzuflechten, sobald Sie genügend Geschick und Selbstvertrauen erworben haben, es wirksam zu tun. Eine Handlung ist unbedingt überzeugender und eindringlicher als jegliche Phrase.

Zehntes Lehrbuch

Stil

Punkt 71
Entwickeln Sie Ihren eigenen Sprachstil nach Ihren besonderen Fähigkeiten und Zwecken

Ein junger Redner kann sich leicht auf ein Ideal einstellen, das in keiner Weise für ihn passend ist. Er wählt einen Redner zum Vorbild, den er niemals erfolgreich nachahmen kann.

Dieser Fehler hat manchen jungen Anfänger dazu geführt, seine eigene Befähigung zu unterschätzen. Das bringt unweigerlich Mißerfolg und Entmutigung mit sich.

Aber ein Carlyle kann kein Tennyson und ein Tennyson kein Carlyle sein. Ein Hund kann nicht auf einen Baum klettern, und eine Katze kann nicht bellen. Jedes Lebewesen hat seine eigenen Befähigungen, und sein Erfolg hängt davon ab, wie es sich in der Richtung seiner eigenen Natur entwickelt.

Sie müssen also, wenn Sie Ihren Sprachstil ausbilden, mehr an Ihre eigene Befähigung denken als an irgendeinen großen Redner, den Sie bewundern.

Im allgemeinen möchte ich in Angelegenheit des Stils das folgende sagen: Seien Sie originell, ohne sonderbar zu sein, bilden Sie Ihren eigenen Stil aus und tun sie Ihr Bestes, seine Fehler zu vermeiden.

Wie Sie auf den folgenden Seiten lesen werden, gibt es vierzehn oder mehr natürliche Sprachstile. Und jeder bedarf der Verbesserung und der Ausbildung.

Punkt 72
Der Stil der Zungenfertigkeit

Alles wird hier der fließenden Rede geopfert. Für gewöhnlich fehlen die Ideen. Ebenso die Vorbereitung wie der Plan.

Zungenfertige Redner werden geboren, nicht erzogen. Sie beherrschen einen natürlichen Fluß alltäglicher Rede. Sie können in jedem Augenblick über jeden beliebigen Gegenstand reden, ohne nur einmal nach einem Wort suchen zu müssen.

Diesen Rednertypus findet man besonders in Irland, Wales, Frankreich und den Vereinigten Staaten. In England, in Schottland und in Deutschland ist er seltener. Zungenfertigkeit ist keineswegs unter allen Umständen ein Nachteil. Sie hat manchen zum Geistlichen, zum Arbeiterführer oder zum großen Politiker gemacht. Sie ist das weitest verbreitete Ersatzmittel für echte Beredsamkeit.

Der zungenfertige Mensch hat unter allen Umständen eine geschickte Sprechweise. Kann er mit dieser geschickte Gedanken entwickeln, kann er in seiner Rede Gegenständlichkeit mit fließend gesprochenen Worten vereinen, so kann er ein wirklicher Redner, ein Staatsmann, eine Führungspersönlichkeit im öffentlichen Leben seiner Generation werden.

Punkt 73
Der zögernde Stil

Dieser Stil findet sich sehr häufig und verrät immer den nervösen Dilettanten. Im Vergleich mit ihm erscheint Zungenfertigkeit wie Beredsamkeit.

Ein zögernder Redner bleibt stecken, räuspert sich, trinkt ein Glas Wasser und stottert weiter, als ob er jedes Wort mit Schmerzen gebiert. Als Redner ist er ein Häufchen Unglück.

Jeder seiner Sätze ist ein Hindernisrennen: »Herr Vorsitzender, ich – äh – erhebe mich, um äh – – den Antrag unserem, äh – – – hochgeehrten Mitbürger – äh – den Dank auszusprechen, äh – zu unterstützen.«

Niemand, der so spricht, sollte überhaupt wagen, öffentlich zu reden, bevor er den Defekt des zögernden Redens nicht überwunden hat. Diese Art zu sprechen ist nicht nur fehlerhaft, sondern widerwärtig. Sie kann durch dauerndes lautes Lesen, durch den Gebrauch kurzer Sätze, durch Wiederholen der in diesem Lehrgang gegebenen Übungen und dadurch geheilt werden, daß man sich angewöhnt, immer energisch und nachdrücklich zu sprechen.

Punkt 74
Schwadronierender Stil

Es läßt sich nicht leugnen, daß dieser Stil wirksam ist. Er hat viele Männer an die Spitze ihrer Parteien geführt. Er hat sie sogar in das britische Kabinett gebracht, er hat amerikanischen Präsidenten den Weg in das Weiße Haus geöffnet. Da wir auf Grund von Tatsachen urteilen, müssen wir zugeben, daß schwadronierend zu reden im Kampf um die Macht niemals ein ernstes Hindernis ist. Nur allzuoft erschließt die Menge den Politikern, die so prahlerisch sprechen, den Weg zur Macht. Die Massen denken, daß Schwadronieren ein Beweis von Männlichkeit ist.

Aber vom Standpunkt praktischer Politik ist es besser, sich mit einem geringeren Maß an Erfolg zu begnügen, als sich auf diese Weise auf den Sitz der Mächtigen zu schwingen.

Die Neigung, so überheblich zu reden, muß unterdrückt werden. Man sagt besser: ›Wir‹ und nicht ›Ich‹, man sagt besser ›unsere‹ und nicht ›meine‹.

Vergessen Sie nie: Eine Masse kann einem Redner Beifall zollen, ohne ihn zu achten; auf Dauer aber ist es wichtiger, Achtung als Beifall zu erringen.

Punkt 75
Eintöniger Stil

Dieser Stil ist so gebräuchlich, daß darüber einige Worte der Kritik angebracht sind. Er bedeutet ›ohne Nachdruck sprechen‹. Für gewöhnlich ist er das Zeichen eines ausgeglichenen, leidenschaftslosen Temperaments. Er ist in Verwaltungsratssitzungen zulässig und sogar wünschenswert, in einer Massenversammlung ist er wirkungslos.

Punkt 76
Schwerfälliger Stil

Mit diesem Stil bezeichnet man eine schwere, gelehrte Sprechweise, der jedes unterhaltende Element fehlt. Die Sätze sind gewöhnlich lang, mit vielen einschränkenden Klauseln. Wenige Gleichnisse und keinerlei Bildworte werden gebraucht.

Dieser Stil ist bei einem älteren, erfahrenen Redner natürlich und entschuldbar. Er ist würdevoll, eindrucksvoll und oft überzeugend.

Erhebt sich dieser Stil zur Höhe der Beredsamkeit, so nennt man ihn den großen Stil. Diese Art der Rede, die noch Milton anwendete, ist aber nahezu ausgestorben. Sie kommt nur noch bei ganz alten Leuten vor, sie klingt heutzutage absurd, wenn ein Redner, der modern und praktisch sein will, sie anzuwenden versucht.

Ganz gleichgültig, wie hervorragend eine Person auch sein mag, es ist stets unklug, zu pompös und zu zeremoniell zu sein. Niemand, und sei er noch so groß und bedeutungsvoll, hat ein Recht, zu sprechen, als wäre er Gulliver unter den Liliputanern.

Punkt 77
Der Stil der Argumente

Am häufigsten reden Advokaten, Berufspolitiker und Arbeiterführer in diesem Stil. Er ist logisch, kraftvoll, kampflustig und oft anklägerisch.

Wer in diesem Stil redet, ist bemüht, seine Zuhörer zu beherrschen und nicht sie zu überreden. Er zwingt sie, hetzt sie und treibt sie an.

Es ist eine machtvolle Art zu reden, die nur von machtvollen Persönlichkeiten verwendet werden soll.

Dieser Stil darf nicht bei unbedeutenden Anlässen und nicht von gewöhnlichen Rednern gebraucht werden. Spricht zum Beispiel ein Anwalt, der einen Angeklagten wegen eines kleinen Diebstahles verteidigt, in diesem Stil, so macht er sich lächerlich.

Herrscht aber öffentliche Erregung, ist eine Nation von einer großen, leidenschaftlichen Streitfrage zerrissen, dann steht gewöhnlich ein Meisterredner auf, der eine Rede im Stil der Argumente hält, eine Rede, auf die man nichts anworten kann, die unwiderstehlich ist. Eine solche Rede macht ebenso wirksam Geschichte wie ein Sieg auf dem Schlachtfeld. Sie formt die nationale Meinung, wie ein Hammer den glühenden Stahl formt.

Punkt 78
Der Staccatostil

Er ist die natürliche Art, in der nervöse, schüchterne Leute reden. Er ist sprunghaft, gewöhnlich unlogisch und oft unangenehm.

Er ist niemals wirkungsvoll, es wäre denn, daß die Rede sehr sorgfältig vorbereitet worden ist und von Epigrammen sprüht.

Ein Staccato-Redner muß bemüht sein, seine Sprunghaftigkeit durch lautes Lesen, durch häufiges Sprechen und durch das Wiederholen der Übungen in diesem Lehrgang zu überwinden.

Punkt 79
Der Kanzelstil

Ein eintöniger, singender Stil, den sich die Geistlichen oft aneignen. Er ist auf der Kanzel annehmbar, aber an allen anderen Orten abzulehnen. Er macht einen Redner vollständig unfähig, praktische Wirkung zu erzielen.

Sein Ursprung liegt in der summenden, einförmigen Art, in der Gebete und Litaneien in der Kirche meist gesprochen werden. Als eine zeremonielle Art zu reden, eignet sich der Kanzelstil nur für Zeremonien. Besonders Geistliche sollten sich sehr davor in acht nehmen, da er einen Berufsfehler darstellt.

Auch diesen Stil kann man durch sorgfältiges Studium und die Übungen, die in diesem Lehrbuch vorgeschrieben sind, überwinden.

Punkt 80
Der statistische Stil

Die Bezeichnung ›statistisch‹ kann nicht nur auf den Gegenstand der Rede, sondern auch auf die Art, in der er vorgebracht wird, angewendet werden.

Der statistische Redner ist überall wohlbekannt. Er spricht trocken, schmucklos und sachlich, liest häufig Zeitungsausschnitte mit Statistiken vor, die er in einer stotternden, langweiligen Art vorbringt, als wären Ziffern an und für sich interessant und anziehend.

Er ist phantasielos, hat nicht viel Interesse an den kulturellen Dingen des Lebens, ist tüchtig im Geschäft, aber sehr untüchtig in der Kunst der öffentlichen Rede.

Ich sage solchen Rednern: Statistiken allein sind nicht genug. Sie sind für große Versammlungen nicht interessant, sie gehören in die Sitzungen von Verwaltungsräten oder Ausschüssen.

Für eine wirksame öffentliche Rede sind sie nur Rohmaterial. Sie dürfen ausschließlich in Begleitung von illustrierenden Ausführungen und nachdrücklichen Erklärungen vorgebracht werden.

Machen Sie die Statistiken genießbar – zerlegen Sie sie. Werfen Sie nicht einfach mit Gesamtziffern um sich. Es ist zum Beispiel viel eindrucksvoller, zu sagen: »Jede halbe Stunde macht eine Firma Bankrott«, als zu sagen: »Es hat dieses Jahr bereits 5000 Konkurse gegeben.«

Punkt 81
Der sentimentale Stil

Diesen Stil hört man besonders oft bei Juden, Russen und in geringerem Maße bei Franzosen. England kennt ihn weniger, dort ist er nicht so gebräuchlich, wie er sein sollte.

Denn die wenigen Redner in England, die sich trauen, sentimental zu sprechen, sind sehr volkstümlich und einflußreich.

Die meisten volkstümlichen Lieder sind sentimental. Ebenso die meisten Filme, Lustspiele, Opern, Romane und Novellen.

Es steht fest, daß wenn jemand, der praktisch arbeitet, Abwechslung und Unterhaltung sucht, er meistens nach einem sentimentalen Buch greift oder sich ein sentimentales Stück anhört.

Selbst im Unterhaus des englischen Parlaments, der am kritischsten eingestellten und blasiertesten Zuhörerschaft, war die wirksamste Rede, die im Jahre 1918 gehalten wurde, die eines Mr. Smallwood, eine pathetische Rede mit Gefühlstönen, in der er vom Tod seiner beiden Söhne an der Front und von der Strenge der militärischen Vorschriften, die sie zu fühlen bekommen hatten, sprach.

Seien Sie dankbar, wenn Sie das Herz und die Fähigkeit haben, mit Gefühl und Pathos zu sprechen. Würdigen Sie die unwiderstehliche Macht der Gefühle. Gefühl regiert die Welt, wenigstens im wesentlichen. Und alle Logik und Statistik kann dagegen nicht aufkommen. In jeder großen Rede muß stets ein Gefühlsmoment vorkommen.

Punkt 82
Der Stil der Entrüstung

Das ist der natürliche Stil des Agitators, des Volksredners in Massenversammlungen, des Reformers. Er hat manchmal etwas Explosives, ergeht sich in Schreien oder Kreischen, und manchmal wieder ist er zurückhaltend und würdevoll. Aber immer klingt aus ihm der Unterton der Entrüstung.

Er ist in allen Ländern gebräuchlich, ist vielleicht der am meisten und häufigsten gebrauchte Stil der öffentlichen Rede.

Er ist wirksam. Er hat Regierungen und Könige gestürzt; in ihm klingt die Stimme der Revolution und der Reform. Er ist der beliebteste Stil der Reden in politischen oder sonstigen Massenversammlungen. Er hat mehr als der Hälfte aller Abgeordneten aller Länder zu ihren Mandaten verholfen.

Jede große Zuhörerschaft liebt es, sich als unterdrückt und benachteiligt geschildert zu hören. Sie ist entzückt über jede Anklage gegen irgendeine Macht oder hochstehende Person.

Besonders in England schätzt man das Recht der freien Rede so hoch, daß man ein gewisses Vergnügen daran findet, einem entrüsteten Redner zuzuhören, der die Freiheit der Rede dazu mißbraucht, unter Auslassung aller Regeln der Höflichkeit und der Toleranz gegen alles mögliche loszuziehen.

Punkt 83
Der Stil der Tischrede

Dieser Stil hat sich so eigenartig herausgebildet, daß verschiedene Männer geradezu als Tischredner berühmt geworden sind.

Eine Tischrede muß liebenswürdig, witzig und originell sein. Sie darf nicht würdevoll, statistisch oder entrüstet, sie darf weder gespannt noch ernst sein. Sie muß Entspannung bringen, nicht in Arbeit ausarten.

Dessenungeachtet kann eine Tischrede – trotz der Leichtigkeit ihrer Form – erforderlichenfalls wirksam und belehrend gehalten werden.

Man kann Scherze und selbst leichtes ›Blödeln‹ um eine zentrale Idee gruppieren. Man kann Epigramme münzen, die ebenso weise wie witzig sind. Man kann sich vor Augen halten, daß die ernstesten Wahrheiten oft am leichtesten in der Form von Scherzen gesagt werden können.

Punkt 84
Der Konversationsstil

Das ist der Stil, den ich als den besten von allen empfehle und der, durch alle übrigen Stilarten erweitert, den Bedürfnissen der Gelegenheit angepaßt werden kann.

Der Stil der großen Reden der Vergangenheit ist heute nicht mehr zeitgemäß. Man soll selbst in England Burke, Pit oder Gladstone nicht nachzuahmen versuchen.

Wir stehen in einer ganz anderen Zeit. Heute liebt man einfache Sachlichkeit, kurze Worte und kurze Sätze. In Macaulays Geschichte Englands haben die Sätze im Durchschnitt nicht mehr als 23 Worte. Mehr als alles andere ist es heute geboten, beim Reden natürlich zu sein. Niemand kann vollkommen sein, aber es ist immer besser, wenn Sie Ihre eigene Art von Fehlern haben als andere, die Ihrem Temperament nicht angepaßt sind.

Haben Sie ein leidenschaftliches Wesen, so sprechen Sie leidenschaftlich, aber trachten Sie, dabei gleichzeitig kritisch zu sein.

Sind Sie sentimental, nun gut, so reden Sie sentimental, aber bemühen Sie sich, Ihre Rede trotzdem sachlich und logisch aufzuziehen.

Kurz gesagt: Reden Sie, wie es Ihre Natur verlangt, aber bemühen Sie sich, bildhaft, mit möglichst viel Humor, passenden Gesten, starkem Nachdruck und gut geordnetem Ausdruck zusammenhängender Gedanken zu sprechen.

Elftes Lehrbuch

Die Zuhörer

Punkt 85
Trachten Sie, daß alle Zuhörer auf den vorderen Sitzen des Saales Platz nehmen

Leere Sitze in den vorderen Reihen sind für den Erfolg einer Versammlung höchst nachteilig. Sie trennen den Redner von den Zuhörern. Jeder leere vordere Sitz bedeutet einen Mißerfolg.

Es ist immer besser, einen Saal zu mieten, der ein wenig zu klein ist, als einen, der zu groß ist. Es ist stets gut, wenn die Zuhörerschaft größer ist, als daß die Halle sie ganz fassen kann. Können einige Hörer keine Sitze bekommen, ist es gut, und wenn es hundert sind, die der Saal nicht fassen kann, ist es um so besser.

Es ist eine merkwürdige Tatsache, daß, je dichter die Zuhörer zusammengedrängt sind, desto leichter Begeisterung hervorgerufen werden kann. Wenn die Zuhörer körperlich ›en masse‹ sind, ist es leichter, sie auch geistig und stimmungsgemäß ›en masse‹ zu bringen, was ja Ihre Absicht ist, wenn Sie eine Rede halten.

Punkt 86
Die Persönlichkeit einer großen Zuhörerschaft ist einfach und primitiv

Um die geistige Einstellung einer Zuhörerschaft festzustellen, darf man nicht die verschiedenen einzelnen Mentalitäten addieren und dann eine Gesamtsumme ziehen. Weit entfernt.

Addieren Sie nicht. *Subtrahieren* Sie. Ziehen Sie alles ab, was persönlich, originell und unterscheidend ist.

Ziehen Sie es ab, bis Sie an jene grundlegenden Eigenschaften, Meinungen, Gefühle usw. gelangen, welche den einzelnen Hörern gemeinsam sind.

Das ist leicht gesagt, aber schwer getan. Lernen Sie es, und Sie werden eines der wesentlichen Geheimnisse der Macht großer Redner bei allen Völkern erkannt haben.

Eine große Zuhörerschaft wird über den einfachsten Scherz lachen. Sie wird das allergewöhnlichste Epigramm bejubeln. Sie wird vor Begeisterung toben, wenn Sie einen kindischen, derben Spaß vorbringen.

Das ist eine Tatsache, und jeder große Redner kennt sie. Die Persönlichkeit einer großen Zuhörerschaft ist nämlich viel einfacher und primitiver, als es die Persönlichkeiten der einzelnen Personen sind, aus der sich die Hörerschaft zusammensetzt.

Punkt 87
Wer große Zuhörerschaften beeinflussen will, muß die grundsätzlichen Glaubenssätze und Gefühle der Menschennatur studieren

In meinem Buch ›Human nature‹ (›Kennen Sie sich?‹) habe ich diese angeführt wie folgt:

1. Jedermann wünscht
2. Jedermann fühlt
3. Jedermann fürchtet
4. Jedermann ahmt nach
5. Jedermann ist eigenartig
6. Jedermann glaubt
7. Jedermann denkt
8. Jedermann hat Gewohnheiten
9. Jedermann ändert sich

10. Jedermann braucht Lob und Tadel
11. Jedermann achtet Führerschaft
12. Jedermann ist erotisch
13. Jedermann hat Bewußtsein und Unterbewußtsein
14. Jedermann hat Ideale.

Wollen Sie eine große Volksmenge begeistern, so müssen Sie ›Jedermann‹ studieren. ›Jedermann‹ muß Ihr Motiv sein – Ihr Zauberwort.

Menschen, die sich nur in einer Gedankenrichtung, die einseitig eingestellt ist, bewegen können, sind selten gute, öffentliche Redner. – Dazu gehören Ingenieure, Künstler, Erfinder, Architekten, Musiker usw.

Solche Spezialisten haben mit der Menge keine Fühlung. Sie kümmern sich zu wenig um ›Jedermann‹, sie sind nur an ihrer eigenen Art Menschenwesen interessiert.

Halten Sie sich stets die wesentliche Tatsache vor Augen, daß Sie, wenn Sie der Sprecher der Menge sein wollen, sagen müssen, was die Menge denkt und was sie fühlt. Sie müssen die Stimme der Menge sein.

Punkt 88
Durch Ihre Gesten, Ihren Humor, Ihre Bildhaftigkeit, Ihre Gedanken – durch Ihre ganze Kunst und die Anwendung aller Ihrer Fähigkeiten müssen Sie die Aufmerksamkeit Ihrer Zuhörer dauernd fesseln

Eine Zuhörerschaft, besonders wenn sie groß ist, ist unaufmerksam und unkonzentriert und hat nur ein geringes Maß geistiger Konzentration.

Läuft eine Katze über die Bühne, so denken die Zuhörer sofort ›Katze‹, und um ihr Interesse festzuhalten, müssen Sie als Redner augenblicklich eine Anspielung auf eine Katze machen.

Fängt Ihre Zuhörerschaft aus irgendeinem Grund an, Ihnen geistig davonzulaufen, so müssen Sie mit ihr laufen und sie zurückholen.

Deshalb ist es am besten, in einer öffentlichen Versammlung nicht zu viele junge Leute oder gar Kinder zuzulassen, nicht allzu vielen Leuten zu gestatten, mit Ihnen auf der Rednertribüne zu sitzen sowie keinen Lärm und keine Bewegung zu dulden, die die Aufmerksamkeit der Zuhörerschaft ablenken könnten.

Hauptsächlich aus diesem Grund ist ein Redner, der in Epigrammen spricht, so wirksam. Seine Sätze sind kurz, lebendig, schlagend und umfassend. Sie fesseln die Aufmerksamkeit, als wären sie eine Bilderreihe.

Die Menge liebt Epigramme – kleine Gedanken-Goldklumpen, die sie mit sich nach Hause tragen kann. Daher sind in allen Ländern Sprichwörter so populär. Man merkt sie sich bequem, und sie sind leicht verständlich.

Im Durchschnitt hat der Mensch mehr Gedächtnis als Geist. Er ist mehr ein Warenhaus als eine Werkstatt. Er wünscht etwas, worüber er nachzudenken hat, nicht so sehr, wie etwas, an das er sich erinnern kann.

Wenn Sie daher den Zuhörern eine Reihe von Gedanken bieten, welche sie zwingt, ihren Verstand zum Nachdenken zu gebrauchen, so werden sie leicht ihre Aufmerksamkeit verlieren. Geben Sie ihnen aber die Endergebnisse Ihrer eigenen Gedankenreihen und das blitzende Geschmeide der Gleichnisse und Epigramme, so werden Sie ihre Aufmerksamkeit festhalten.

Sie werden auch finden, daß es sehr nützlich ist, sich die Kunst der Straßenverkäufer anzueignen, wenn man lernen will, die Aufmerksamkeit zu fesseln. Diese scharfsinnigen Verkäufer verstehen es, einem Professor der Metaphysik einen Kartoffelschäler und einem Gemüsehändler ein Mikroskop zu verkaufen. Wie?

Dadurch, daß sie die Aufmerksamkeit erregen, durch überraschende Methoden ihre Artikel zeigen. Dadurch, daß sie sich an das Auge wenden, daß sie etwas in Bewegung, im Gebrauch vorführen. Dadurch, daß sie etwas unterhaltend machen und damit den Wunsch, es zu besitzen, dem Käufer aufzwingen.

Punkt 89
Da es leicht ist, einer Menge Eindruck zu machen, müssen Sie immer darauf bedacht sein, womöglich als letzter zu sprechen

Eine Menge wird leicht hingerissen, sie wird gewöhnlich die Beute des letzten Redners. Sie ist wie Polonius im ›Hamlet‹.

Hamlet: »Siehst du dort jene Wolke, die beinahe aussieht wie ein Kamel?«

Polonius: »Sie sieht in der Tat wie ein Kamel aus.«

Hamlet: »Mir scheint es, daß sie wie ein Wiesel aussieht.«

Polonius: »Sie hat wirklich einen Rücken wie ein Wiesel.«

Hamlet: »Oder wie ein Walfisch.«

Polonius: »Ganz wie ein Walfisch.«

Da Ihr Zweck ist, Wirkung auszuüben und nicht bloß eine Rede zu halten, ist es am besten, wenn Sie als letzter sprechen.

Auch ist es gut, wenn die übliche Dankeskundgebung unterbleibt, die bei so vielen Versammlungen in England und Amerika eine Antiklimax herbeiführt. Andere Völker kennen diese inhaltlose, langweilige Dankeskundgebung nicht, und das ist weit besser.

Entweder sind diejenigen, die diese Kundgebung beantragen und unterstützen, gute Redner, dann lenken sie die Aufmerksamkeit der Zuhörer von dem Redner, dem sie danken wollen, ab, oder sie sprechen schlecht, und dann verliert sich das Interesse an der Sache.

Punkt 90
Sprechen Sie mit und nicht zu Ihrer Zuhörerschaft, sprechen Sie, als wären Sie ein Mitglied von ihr

Vermeiden Sie jede Phrase oder Manieriertheit, die Sie von der Menge trennt oder die bewirkt, daß Sie ihr überlegen zu sein scheinen.

Können Sie etwas erwähnen, das eine Erfahrung aller Ihrer Hörer sein kann, so tun Sie es stets. Sagen Sie zum Beispiel:

»Erinnert ihr euch, wie wir Schulter an Schulter gestanden, als...« und ähnliches.

Sagen Sie stets ›wir‹ und nicht ›Sie‹! Haben Sie eine Zuhörerschaft zu tadeln, so schließen Sie sich mit in den Tadel ein, dann können Sie so gut wie alles sagen, was Sie wollen.

Selbst wenn Sie mit Ihren Hörern streiten wollen, tun Sie am besten daran, zunächst einen gemeinsamen Gegner anzugreifen.

Selbst wenn die Menge gegen Sie ist und Sie als Ihren ärgsten Feind ansieht, ist es klügste Strategie des Redners, irgend etwas vorzubringen, um dessentwillen Sie sich mit allen verbinden müssen, um einen noch schlimmeren Feind zu bekämpfen.

Punkt 91
Je größer die Zuhörerschaft ist, desto bestimmter und nachdrücklicher müssen Sie sprechen

Je größer die Menge ist, desto derber und primitiver ist sie. Desto mehr verlangt sie Gesten, Ernsthaftigkeit und scharfen Tadel.

Die Menge liebt die starke Sprache, sie liebt Ultimaten. Sie ist schnell dabei, die kühnsten Forderungen mit Beifall zu begrüßen, denn sie trägt keine Verantwortung.

Sie arbeitet sich selbst in eine Art Rausch hinein. Das ist das Geheimnis der Begeisterung aller Massenversammlungen.

Ein Redner, der ruhig und nachdenklich bleibt, macht sie ungeduldig.

Tatsächlich besitzt fast jede große Zuhörerschaft die Vorliebe des Mobs für Lärm und Gewalttätigkeit.

Die Menge will ein Opfer haben. Sie will jemanden haben, den sie auf die Guillotine senden kann. Sie empfindet sehr wenig Mitleid und nicht viel Sympathie – außer mit sich selbst.

In einer großen Menge werden sogar Gentlemen roh, und schüchterne Leute werden mutig. Eine Menschenmenge ist tatsächlich mehr ein Tier als eine menschliche Gemeinschaft. Sie ist wie eine Herde, die sich gegen ihre Feinde schützt. Das ist eine tiefe psychologische Wahrheit, welche alle großen sozialen und politischen Führer genau kennen. Ein volkstümlicher öffentlicher Redner muß ein Leithammel sein.

Punkt 92
Wenn man es mit Zwischenrufern zu tun hat, empfiehlt es sich, rasch, bestimmt und angriffslustig zu sein

Haben Sie mit Zwischenrufern in einer kleinen Zuhörerschaft zu tun, dann ist es am besten, versöhnlich zu sein und ihre Ansichten demjenigen, der mit Ihnen nicht übereinstimmt, ruhig auseinanderzusetzen. Mit einer großen Zuhörerschaft dürfen Sie das aber nicht tun, die Leute werden sonst glauben, daß Sie in Verlegenheit sind und sich entschuldigen wollen.

In einer großen Versammlung dürfen Sie sich nicht in eine Verteidigungsstellung bringen lassen. Sie müssen angreifen, und wagt es ein Zwischenrufer, Sie herauszufordern, so müssen Sie sofort in den Kampf eintreten und ihn ohne Gnade niederringen.

In seiner großen Kriegsrede am 8. August 1918 wurde Lloyd George von einem tapfern Parlamentsmitglied durch einen Zwischenruf angegriffen. Der stets kampfbereite große Walliser Redner rief sofort: »Das ist eine monströse Lüge.« Das Haus applaudierte, und während der ganzen Fortdauer seiner Rede war der Zwischenrufer still und hockte auf seinem Platz.

Wenn Sie den Ehrgeiz haben, der Sprecher der Menge zu sein, müssen Sie schnell und angriffslustig sein. Wenn Sie auf der Tribüne stehen, müssen Sie der Meister der Masse sein.

Sonderbarerweise liebt es eine Menge, wenn ein Redner mit Zwischenrufen unterbrochen wird, liebt es aber ebensosehr, wenn der Zwischenrufer eine kräftige Antwort bekommt und zum Schweigen gebracht wird.

Punkt 93
Der Höhepunkt Ihrer Macht über Ihre Zuhörer ist erreicht, wenn Sie sie zwingen können zu handeln, als wären sie eine Person

Der Wert des Humors in einer Rede liegt darin, daß er die Zuhörerschaft zu einer Einheit macht. Er veranlaßt alle Leute, etwas gemeinsam zu tun. Der Wert des Gefühls ist es, daß es die Leute das gleiche fühlen läßt, so, als ob sie ein gemeinsames Herz hätten.

Da es Ihr Ziel ist, alle Ihre Zuhörer zu veranlassen, das gleiche zu denken, ist es durchaus notwendig, sie so weit als irgendwie möglich in eine harmonische Stimmung zu bringen – zu bewirken, daß sie zusammen lachen, zusammen weinen, zusammen Beifall spenden und zusammen handeln.

Sie werden den höchsten Grad der Beherrschung einer Zuhörerschaft erreichen, wenn Sie bewirken können, daß alle gleichzeitig dasselbe tun. Wenn Sie sie vollständig unter Kontrolle haben, können Sie sagen: »Alle, die dafür sind, erheben die Hände.« Und wenn sich dann alle Hände erheben, haben Sie den Beweis Ihrer Meisterschaft erbracht.

Sie dürfen sogar unternehmen, Ihre Zuhörer dazu zu bringen, daß alle miteinander aufspringen oder singen oder drei Hochs ausbringen. Die Zuhörerschaft ist gewissermaßen wie ein großer gehorsamer Elefant, und wenn Sie den Mut und die Geschicklichkeit dazu haben, sind Sie der Elefantenführer.

Punkt 94
Wenden Sie das Kraftmittel der Wiederholung an, wenn Sie zu einer großen Zuhörerschaft sprechen

Wenn Sie irgendeine volkstümliche Kampagne führen, müssen Sie Ihren Zweck in einer Phrase zusammenfassen. Jede Demokratie wird überzeugend durch Phrasen regiert. Sehr oft ist eine allgemeine Wahl durch eine gute Phrase gewonnen worden. »Im übrigen bin ich der Ansicht, daß Karthago zerstört werden muß«, sagte Scipio am Schluß jeder seiner Reden; »Drei Acres und eine Kuh für jeden«, sagte Chamberlain; »Freihandel« sagten Cobden und Bright; »durchhalten«, sagte Lloyd George. Immer eine Phrase, die immer und immer zu wiederholen ist, bis sie das Motiv einer nationalen Bewegung wird.

Bei jeder Wahl singen tausend Abstimmende eine Phrase, als wäre sie ein Gebet. Häufig sogar, wenn weder ein Sinn noch eine ernste Meinung dahinter ist: »Eine angemessene Bezahlung für eine angemessene Arbeit pro Tag« und so fort...

Ganz gleichgültig, ob Sie an einer Universität oder in einem Volksversammlungssaal sprechen – fassen Sie Ihre Ideen in einer Phrase zusammen und wiederholen Sie diese Phrase, bis Ihre Zuhörerschaft sie sich eingeprägt hat. Natürlich müssen Sie die Phrase dem Verständnis Ihrer Hörer anpassen.

An der Universität können Sie sie lateinisch sagen, bei einer Volksversammlung in ›slang‹. Aber auf alle Fälle muß es eine zusammenfassende, eine klingende Phrase sein, die in der Erinnerung haften bleibt.

Punkt 95
Verwenden Sie die Kraft, die im Rhythmus liegt, wenn Sie zu einer großen Hörerschaft sprechen

Die Masse liebt den Rhythmus. Im Rhythmus liegt etwas dem Geist Gefälliges, etwas, das das unterbewußte Selbst gewissermaßen liebkost.

Unsere Liebe zur Musik und zum Tanz gründet sich auf diese Faszination, die rhythmischen Tönen und Bewegungen eigen ist. Es ist einer der Grundzüge der Menschennatur, daß sie den Rhythmus liebt, mag er nur im tumm – tumm – tumm eines indianischen Kriegstanzes oder in der Melodie einer volkstümlichen Oper bestehen.

Alle großen Reden, Gebete und Bekenntnisse und alle schönen Gedichte wirken durch den Rhythmus der Worte, wie zum Beispiel: »So war es von Anbeginn, so ist es heute und so soll es immerdar bleiben – in Zeit und Ewigkeit. Amen.«

Können Sie den Schlußworten einer Rede diese geheimnisvolle, gefällige Wirkung des Rhythmus verleihen, dann haben Sie den Höhepunkt technischen Könnens erreicht.

Zwölftes Lehrbuch

Der wirksame Redner

Punkt 96
Öffentliches Reden ist mehr ein Element der persönlichen Wirksamkeit als eine Fertigkeit

Wie Sie schließlich herausfinden werden, ist der größte Wert dieses Lehrgangs, daß er Sie unterrichtet, das wahre Wesen des öffentlichen Redens besser zu verstehen.

Reden ist nicht dasselbe wie Singen, Tanzen, Musik machen, Malen, Dichten, Theater spielen. Das alles sind Künste und *nur* Künste. Es sind keine praktischen, kommerziellen Betätigungen.

Reden halten aber ist eine in der Auswirkung ebenso praktische Angelegenheit wie Mark und Pfennige. Und doch wird es stets als eine Fertigkeit angesehen und in allen Lehrbüchern so bezeichnet. Es wird so hingestellt, als wäre es nur eine Sache des Glanzes – der Politur – und hätte nichts mit dem Schliff der Schneide zu tun.

Noch nie aber hat jemand sich durch Singen zu einer leitenden Stellung im Staat aufgeschwungen, nicht durch Tanzen, nicht durch Malen. Steht es aber nicht fest, daß jeder Premierminister seine Karriere dadurch gemacht hat, daß er Reden gehalten hat? Ist es nicht wahr, daß die Menschheit seit Jahrhunderten stets von öffentlichen Rednern geführt worden ist?

Auch im Geschäftsleben hat die Macht der wirksamen Rede viele Leute an die Spitze ihrer Firma oder der Organisation ihres Geschäftszweiges gebracht. Mehr, als wir es wissen, hat sie dazu beigetragen, Menschen nicht nur berühmt, sondern auch reich zu machen.

Salisbury hat einmal gesagt: »Ob wir wollen oder nicht, in unseren Tagen liegt die Macht beim Wort – die Macht gehört denen, die *reden* können.«

Reden, das keine Wirkung macht, ist Schwäche und führt zu Mißerfolgen, aber wirksames Reden ist Macht und führt zum Erfolg.

Entwickeln Sie diese Macht in sich, so können Sie sie anwenden, um damit Geld zu verdienen, Ihr Geschäft aufzubauen und Ihre Angestellten zu leiten – den Weg, den Sie wandern wollen, zu ebnen, wohin er auch führen mag.

Wie das Geschick einer Nation oft durch eine Rede gewendet worden ist, so ist der Erfolg eines Geschäftshauses oder eines einzelnen häufig durch eine richtige Rede zur richtigen Zeit begründet worden.

So hat manche Firma mittlerweile den ungeheuren Einfluß einer Betriebsversammlung schätzen gelernt. Ihre Produktion hat sich dadurch vergrößert; ihr Absatz hat sich verdoppelt; Reibungen sind beseitigt; Streiks verhindert worden. Loyale Beziehungen zwischen Arbeitgebern und Arbeitnehmern sind geschaffen worden, das alles durch die Wirkung von Versammlungen, in denen Reden gehalten wurden.

Sind nicht die ausgezeichneten Ergebnisse der Ausbildung des Angestellten-Stabes zum überwiegenden Teil durch Vorlesungen zustande gebracht worden – durch die Belehrung und Anregung, die die Klassen von tüchtigen Rednern erhalten haben?

Ich hoffe also, daß jedermann verstehen wird, daß dieser Lehrgang für praktische, zweckbewußte Menschen und nicht für Leute bestimmt ist, die nur eine oberflächliche Bildung anstreben. Die Zeit ist reif, und für wirksame Redner öffnet sich ein weites Feld. Nie zuvor hat es so viele Probleme gegeben, und nie zuvor sind die Geschicke der Menschen so untereinander verflochten, nie die Völker so sehr gegenseitig voneinander abhängig gewesen.

Gute Redner werden überall hoch geschätzt. Für diejenigen, die sich in der Redekunst ausbilden und die lernen, wie man die Macht der Rede verwendet, um einen Zweck zu erreichen, um persönliche, kommerzielle oder politische Schwierigkeiten aus dem Weg zu räumen, gibt es heutzutage unvergleichliche Gelegenheiten.

Punkt 97
Wirksames Reden von heute ist durchaus von der Redekunst früherer Generationen verschieden

So gut wie alle Bücher und Lehrkurse über öffentliches Reden übersehen diese wesentliche Tatsache. Noch immer empfehlen sie, die großen Volksreden vergangener Jahrhunderte zu studieren. Manche verweisen uns auf Cicero und Demosthenes, obwohl das alte Rom und Griechenland uns die Redekunst, wie wir sie heute brauchen, ebensowenig lehren können wie die Kunst der wirksamen Leistung im Geschäftsleben.

Wir haben heute ja eine neue Art des Fabrizierens, des Verkaufens, der Reklame, der Geschäftsleitung – ungeahnte neue Möglichkeiten für einen neuen Typ öffentlicher Redner.

Der *neue Redner,* wenn wir ihn so nennen dürfen, wird nicht ohne Vorbildung in seinem Fach sein, wie es ein Cecil Rhodes war, der wie ein entschlossener Pionier sich Schritt für Schritt seinen mühevollen Weg durch das Dickicht der Dschungel bahnte.

Er wird auch nicht so überbildet sein wie Disraeli, der seine Phrasen dermaßen abschliff, daß seine Rede eine Art Theatervorstellung wurde – ein Redner, der, wie ein Jongleur seine vergoldeten Bälle, blitzende Sätze in die Luft warf.

Der neue Redner spricht einfach, persönlich, geradezu, stark und vor allem eindrucksvoll. Er hat einen Zweck und weiß, wie man den Zweck erreicht. Seine Rede wird nach ihrem Ergebnis beurteilt. Er wendet die feststehenden Grundsätze der wirksamen Leistung auf den Aufbau seiner

Rede an, so wie es ein Fabrikant tut, der eine Maschine erbaut.

Punkt 98
Um wirksam zu reden, sind zwei Dinge unentbehrlich: 1. Ein würdiger Zweck, 2. technisches Können

Meist fehlt denen, die das eine haben, das andere. Gehen Sie zu guten Theatervorstellungen, so werden Sie viel technische Vollendung, aber selten ein bestimmtes Ziel finden. Gehen Sie aber zu Massenversammlungen, so werden Sie oft finden, daß wohl ein Ziel da ist, aber die Technik mangelt.

In früheren Zeiten hat ein großer Zwiespalt zwischen denen bestanden, *die Reden halten,* und denen, *die Taten vollbringen.* Der eine hat den anderen unterschätzt.

Die freien Berufe sind heute von Rednern und die Industrien von Männern der Tat überschwemmt. Viele Anwälte, Geistliche und Politiker haben sich die Zungenfertigkeit als Wesentlichstes zu eigen gemacht, während den meisten Fabrikanten, Ingenieuren, Kaufleuten und Arbeitern die Macht der geläufigen Rede fehlt.

Das ist ein für beide Seiten ungünstiger Zustand. Die freien Berufe würden heute nützlicher und höher angesehen sein, wenn sie mehr Tatkraft entfalten würden, und Handel und Industrie würden heute einflußreicher sein, wenn sie sich eindrucksvoller bekennen würden.

Früher haben sich Geschäftsleute zu sehr von berufsmäßigen Rednern leiten lassen. Sie sind von Ort zu Ort gegangen, um geläufigen Rednern zuzuhören, die nichts besaßen als ihre Technik der Rede. Sie, die Männer der Tat, wurden durch die Redner beherrscht – der Schwanz hat mit dem Hund gewedelt.

So etwas ist bedenklich, ja gefährlich. Die Zeit ist gekommen, in der der Geschäftsmann seine eigene Rede halten muß. Da er heute so viel schwerwiegende Verantwortung trägt, muß der bloße Redner in den Hintergrund treten und der Mann der Tat an die Front kommen.

Punkt 99
Zusammenfassend muß zum Schluss festgestellt werden, daß man, um ein wirksamer Redner zu werden, auf die Redekunst die Grundsätze der wirksamen Leistung anwenden muß

Das geschieht in folgender Weise:

1. *Zweckbewußtsein.* Das bedeutet, daß man, will man in irgendeiner Hinsicht etwas Wirksames leisten, ein bestimmtes Ziel, einen Zweck vor Augen haben muß. Man muß genau wissen, was man zu vollbringen sucht.

Wollen Sie populär werden? Wollen Sie mehr Klienten gewinnen? Oder mehr Kunden? Oder die führende Stellung in Ihrer Firma erreichen? Oder die Führung in einer politischen Bewegung?

Das alles können Sie natürlich mehr oder weniger werden. Sie müssen aber ein klar gestecktes Ziel verfolgen. Nur allzuoft fehlt es uns an der Klarheit über unser Ansehen und unsere Fähigkeiten. Zu oft will der Richter ein Schauspieler und der Schauspieler ein Richter sein.

Heutzutage ist das Feld des Wissens zu ausgedehnt, als daß irgend jemand ein ›Hans Dampf in allen Gassen‹ sein könnte. Ob Sie es nun wünschen oder nicht, Sie müssen Spezialist werden.

2. *Tatsachen.* Jede wirksame Leistung beginnt mit dem Sammeln von Tatsachen und dem Ausscheiden von Meinungen.

Sie müssen Ihre Stimme, Ihre geistigen Kräfte, Ihre Gesten, Ihre Zuhörer, Ihre Themen studieren – das bezieht sich alles auf die Technik der Rede. Die Wirksamkeit einer Rede aber beruht auf Tatsachen und Experimenten genau so, wie die Leistung eines Ingenieurs.

3. *Grundsätze und Einzelheiten.* Lernen Sie, soweit dies möglich ist, Grundsätze von einem berufsmäßigen Redner und Einzelheiten durch Ihre eigene Erfahrung. Das ist die wissenschaftliche Methode.

Hat sich ein Redner vollständig selbst ausgebildet, so ist es so gut wie sicher, daß er vielfach derb und plump im Ausdruck sein wird, obwohl es sehr wirksam sein kann. Ist er aber gut ausgebildet worden und hat nicht viel persönliche Erfahrungen als Redner, so kann es sein, daß er glänzend spricht, dabei aber schwach und ohne Wirkung bleibt.

4. *Einteilung.* Das bedeutet, bestimmt, ordentlich und methodisch zu sein. Sie müssen die Tatsachen in einer zusagenden Weise sammeln, sie einteilen, sie analysieren und sie ineinander verweben.

5. *Aufschreiben.* Für den öffentlichen Redner ist es nicht so notwendig, alles aufzuschreiben, wie für den Fabrikanten. Aber ein Anfänger sollte nichtsdestoweniger zwei oder drei Jahre lang über seine Reden Buch führen und die Wirkungen seiner Reden aufzeichnen.

Er kann sich auch die besten Ideen und Bilder anderer Redner, die Beifall gefunden haben, notieren. Wenn er ins Theater geht, soll er niederschreiben, was ihm am Stück am besten gefallen hat, und soll das dann in sein Merkbuch für Reden eintragen.

6. *Planen.* Planen ist nicht dasselbe, wie Zielbewußtsein haben. Es bedeutet, daß Sie, sobald Sie sich für ein Ziel entschieden und die Daten gesammelt und eingeteilt haben, Ihren eigenen Plan ausarbeiten müssen, wie Sie Ihre Daten am vorteilhaftesten verwenden können.

Ziel und Zweck bedeutet, *was* Sie tun wollen, während der Plan bedeutet, *wie* Sie es tun wollen. Sie können sich zum Beispiel dafür entscheiden, sich auf kurze Reden oder auf lange Reden oder auf Tischreden einzustellen.

7. *Standards.* Haben Sie herausgefunden, was Ihnen am besten liegt, so bleiben Sie dabei. Standardisieren Sie Ihren Plan. Tun Sie das, was Sie am besten tun können.

Lassen Sie sich nicht zwangsweise in die Klasse der Dilettanten drängen. Entwickeln Sie Ihren eigenen Redestil, und vermeiden Sie es, etwas zu tun, das Sie nicht können.

8. Umstände. Für einen Redner kommen als wichtige Umstände der Saal, die Zuhörerschaft und seine Gesundheit in Betracht. Er muß einen entsprechenden Platz für seine Notizblätter haben, die Hörer müssen vorn im Saal zusammenrücken – Jugendliche sollten möglichst nicht in unüberwachten Gruppen zusammensitzen –, Lärm und Ablenkung sind fernzuhalten. Manchmal sind seelische Zustände zu überwinden. Ist die Zuhörerschaft mißtrauisch, ärgerlich oder auch nur gleichgültig, dann empfiehlt es sich, die Versammlung mit Musik, Gesang oder der Ankündigung erfreulicher Nachrichten zu beginnen.

9. Organisation. Was viele Leute angeht und verschiedene Verrichtungen beansprucht, muß organisiert werden. Um eine einfache Rede zu halten, ist meistens keine Organisation notwendig; will man aber eine Zuhörerschaft zu einer Tat veranlassen, so ist es besser, sie zu organisieren, als ihr zu gestatten, spontan etwas zu tun.

In jeder größeren Zuhörerschaft befindet sich immer irgendein dummer Kerl, ein Fanatiker oder ein Widersacher. Will man daher einen bestimmten Beschluß, ein Dankesvotum oder etwas Ähnliches durchbringen, so muß das vorher gut vorbereitet werden. Man darf die Sache nicht der Laune des Zufalls überlassen.

10. Gegenseitigkeit. Ein Grundsatz der wirksamen Leistung ist es, daß ›fair play‹ bestehen muß – Extra-Bezahlung für Extra-Arbeit und ähnliches. Auf das öffentliche Reden angewendet, heißt das, daß ein Redner ernstlich bemüht sein muß, seiner Zuhörerschaft einen Dienst zu leisten.

Wenn jemand dauernd nur spricht, um seine Eitelkeit oder seinen Ehrgeiz zu befriedigen, so wird man das früher oder später herausfinden, und er wird keine Gelegenheit mehr bekommen, Reden zu halten.

Öffentliches Reden muß eben immer eine wirklich öffentliche und nicht eine Privatangelegenheit sein. Und ein wirksamer Redner wird stets darauf bedacht sein, mehr zu bieten als zu empfangen.

Punkt 100
Das einzige Mittel, sich die Technik der Rede anzueignen, ist, erst das ›Wie‹ zu erlernen und dann richtig anzuwenden, was man gelernt hat

Sie können sich sowohl im Gespräch als auch in öffentlichen Versammlungen üben. Sie können anstreben, geläufig und mit guter Wahl der Worte eine Konversation zu führen.

Die Engländer sind nicht besonders stark in der Konversation. Bulwer hat einmal gesagt: »Zögern, Murmeln und Langweiligkeit sind die drei Grazien der englischen Konversation.«

Sie werden finden, daß die Übungen in diesem Lehrbuch Sie ebenso zu einem guten Plauderer wie zu einem guten Redner machen. Und Sie werden bemerken, daß es sehr nützt, das Gespräch als eine Übung in der Kunst des richtigen Redens anzusehen.

Sie müssen so oft wie möglich in Versammlungen zu sprechen trachten. Schließen Sie sich einem Debattierklub an oder organisieren Sie selbst einen unter Ihren Freunden. Am besten ist es, in Versammlungen im Freien zu sprechen. Sprechen Sie dort, wo Sie oft durch Zwischenrufe unterbrochen werden, wo die Zuhörerschaft Ihnen nicht mehr Aufmerksamkeit schenkt, als Sie verdienen.

Sie werden den höchsten Grad der Meisterschaft erlangt haben, wenn Sie wissen, wie man die kritischen Leute in der Zuhörerschaft in der Hand hält, wenn solche bei einer Versammlung im Freien aufstehen und versuchen, Sie auf die Probe zu stellen.

Punkt 101
Als letztes und wichtigstes: Sie müssen feurig reden

Haben Sie kein Feuer, sind Sie kalt und unempfindlich, so können Sie zwar richtig, aber niemals gut sprechen lernen.

»Das Geheimnis wirksamen Redens«, sagt Gladstone, »ist, Tatsachen und Zahlen so genau und schlüssig, wie man kann, zu sammeln und sie dann so geschickt und bestimmt vorzubringen, als nähme die ganze Welt widerstandslos das gleiche große Interesse daran, wie Sie selbst.«

Ich habe meine Erfahrungen in diesem Lehrbuch unter der Voraussetzung niedergelegt, daß wir beide, Sie, der Leser, und ich, der Verfasser, es vollkommen ernst meinen. Ich habe angenommen, daß Sie ein wertvolles Ziel verfolgen und daß Sie Ihre Befähigung gleichermaßen für das öffentliche Wohl wie für Ihr Fortkommen ausnützen wollen.

Wenn dem so ist, so können Sie auch mit Eifer, mit Enthusiasmus und feurig reden. Sie können sich an den Verstand, das Gefühl, an den Willen der Hörer wenden. Sie können lernen, eine Zuhörerschaft wie ein Schmiedemeister zu behandeln, indem Sie im Feuer Ihrer Rede die Schlacke der Feindseligkeit und Gleichgültigkeit ausschmelzen und das glühende Eisen der Begeisterung auf dem Amboß der Tat schmieden.

Denn eine Zuhörerschaft gleicht dem Erz. Sie muß in Glut gebracht, geschmolzen und raffiniert werden. Man muß nicht nur zu ihr reden. Man muß sie fassen und bearbeiten, denn sie ist das Rohmaterial, welches in Ihre Hand gelegt ist, damit Sie es zum weisen Zwecke formen und veredeln.